Dr. Birgit Ebbert

100 Dinge, die ein Grundschulkind können sollte

Dr. Birgit Ebbert

100 Dinge, die ein Grundschulkind können sollte

So bringen Sie Ihr Kind
erfolgreich durch die ersten vier Schuljahre

So erkennen Sie rechtzeitig,
ob Ihr Kind Unterstützung braucht

Bibliografische Information der Deutschen Nationalbibliothek
Die Deutsche Nationalbibliothek verzeichnet diese Publikation in der Deutschen National-
bibliografie; detaillierte bibliografische Daten sind im Internet über http://dnb.ddb.de abrufbar.

ISBN 978-3-86910-623-6 (Print)
ISBN 978-3-86910-740-0 (PDF)
ISBN 978-3-86910-739-4 (EPUB)

Die Autorin:
Dr. Birgit Ebbert ist Gründerin und Geschäftsführerin von „Die Lernbegleiter", einem Lerncenter
zur individuellen Lernberatung und Lernbegleitung. Durch ihre tägliche Unterrichtserfahrung
kennt sie die Bedürfnisse von Schülern und ihren Eltern, auf die sie in ihren Lernhilfen, Ratgebern
und Büchern für Kinder und Jugendliche zurückgreift. Ihre Veranstaltungen rund um Bildung und
Erziehung und ihre Lesungen sind bei Eltern, Pädagogen und Heranwachsenden gleichermaßen
beliebt.

Lesetipp: Speziell für Grundschulkinder hat die Autorin das Kinderbuch „Miekes genialer Anti-
Schüchternheitsplan" geschrieben. Birgit Ebbert zeigt auf unterhaltsame Weise und einfühlsam,
wie man Schulangst begegnen kann.

Originalausgabe

© 2012 humboldt
Eine Marke der Schlüterschen Verlagsgesellschaft mbH & Co. KG,
Hans-Böckler-Allee 7, 30173 Hannover
www.schluetersche.de
www.humboldt.de

Lektorat: Nathalie Röseler, Dateiwerk GmbH, Pliening
Covergestaltung: DSP Zeitgeist GmbH, Ettlingen
Coverfoto: Fotolia: picsfive; GettyImages: Cultura/Hybrid Images
Innengestaltung: akuSatz Andrea Kunkel, Stuttgart
Satz: PER Medien+Marketing GmbH, Braunschweig
Druck: Grafisches Centrum Cuno GmbH & Co. KG, Calbe

Hergestellt in Deutschland.

Inhalt

Warum und woher 100 Dinge?

Mit der Grundschule beginnt für Kinder der „Ernst des Lebens", heißt es, und das stimmt auch irgendwie. Vom Zeitpunkt der Einschulung an wird das Leben Ihres Kindes von äußeren Vorgaben bestimmt. Der Tagesablauf richtet sich nach Stundenplan und Hausaufgaben, die Lerninhalte gibt der Lehrplan vor, und nicht einmal die Menschen, mit denen es Umgang hat, kann es selbst wählen.

Außerdem ändert sich der Blick auf die Leistungen Ihres Sohnes oder Ihrer Tochter. Obwohl sich die Schule immer stärker bemüht, Kinder individuell zu fördern und die Entwicklungen des einzelnen Kindes in den Blick zu nehmen, werden die Leistungen der Kinder mit anderen verglichen. Plötzlich ist nicht mehr wichtig, ob Ihr Kind es geschafft hat, das Bild auszumalen, ohne über den Rand zu malen. Auf einmal wird seine Leistung mit der anderer Kinder verglichen, ja es wird sogar geprüft, welcher Schüler die Aufgabe am besten gelöst hat und wo es Schwächen gibt. Für viele Kinder ist das der größte Schock und Unterschied. Es ist ja auch eine tief greifende Veränderung, wenn Sie bedenken, dass die Leistungsspanne in einer Grundschule mehrere Schuljahre umfasst.

Durch die Berichtszeugnisse in den ersten beiden Klassen wird zwar versucht, jedem einzelnen Kind gerecht zu werden, aber Kinder sind nicht dumm. Sie erkennen sehr genau die Unterschiede in den Formulierungen. Und spätestens, wenn es ab der dritten Klasse Ziffernoten gibt, vergleichen sie ihr Ergebnis mit dem der anderen. Und da sind Lehrer und vor allem die Eltern gefragt, das enttäuschte Kind aufzufangen und ihm zu zeigen, wo es sich verbessert hat und an welchen Themen es noch arbeiten muss.

Doch was sollten Kinder in der Grundschule lernen? Darum geht es in diesem Buch. Es gibt Antworten auf die Frage, was ein Kind am Ende der Grundschule wissen und können sollte, um den nächsten Schritt der Schullaufbahn souverän zu meistern. Denn nach der Grundschule erwarten es noch größere Herausforderungen: in jedem Fach ein anderer Lehrer, mitunter wechselnde Unterrichtsräume, selbstständiges Arbeiten und Erwartungen an ein Basiswissen, das in der Grundschule gelernt werden sollte.

Dieses Basiswissen steht im Mittelpunkt dieses Buches. Es beschäftigt sich mit den Fähigkeiten, die Ihr Kind im Laufe der Grundschulzeit erlernen und nach den vier Schuljahren beherrschen sollte, etwa schriftliches Addieren oder einen Text schreiben. Es betrachtet aber auch das Wissen, das es besitzen sollte, zum Beispiel über unsere Umwelt und die Lebensweisen in anderen Kulturen. Die Fähigkeiten und Kenntnisse, die in diesem Buch vorgestellt werden, erlernt Ihr Kind im Laufe der Grundschulzeit, Sie dürfen also nicht erwarten, dass es sie schon am Ende der ersten Klasse beherrscht. Aber es eignet sie sich eben im Laufe der Zeit an. Das bedeutet: In der ersten Klasse werden Grundlagen gelegt.

Wo immer möglich, wird bei den einzelnen Themen erläutert, wie sich die Fähigkeit schrittweise entwickelt, damit Sie auch mit Blick auf Ihre Erst-, Zweit- und Drittklässler erkennen können, wo Ihr Kind steht. Das ist vor allem deswegen nicht ganz leicht, weil es keine feste Vorgabe gibt, wann in der Schule was unterrichtet wird. So kommt es vor, dass in einer Schule bereits in der zweiten Klasse eine Rechtschreibregel eingeführt wird, während in einer anderen Schule die gleiche Regel erst in der dritten Klasse vermittelt wird. Sie sollten daher immer auch im Blick behalten, was Ihr Kind im Unterricht gerade lernt, und das in Beziehung zu dem setzen, was hier beschrieben wird. Wann es diese Dinge lernt, liegt in der Hand der Lehrer, die es unterrichten.

Falls Sie in der Grundschulzeit umziehen

Sollte es erforderlich sein, dass Sie im Laufe der Grundschulzeit umziehen, bitten Sie die ersten Lehrer Ihres Kindes, so genau wie möglich zu beschreiben, was es gelernt hat, vor allem, welche Rechenwege und welche Schrift vermittelt wurden. Teilen Sie den neuen Lehrern diese Information mit, damit sie wissen, mit welchem Hintergrundwissen Ihr Kind in die neue Schule kommt. Schließlich sollte auch diese zweite „Einschulung" so gut wie möglich erfolgen.

Am Ende der Grundschulzeit sollte Ihr Kind über die Fähigkeiten, die hier beschrieben werden, verfügen, um gewappnet zu sein für die weiterführende Schule. Wenn hier von Grundschulzeit gesprochen wird, sind die ersten vier Schuljahre gemeint, auch wenn die Grundschule in einigen Bundesländern bis zum Ende der sechsten Klasse geht.

Die beschriebenen Fähigkeiten sind nicht willkürlich ausgewählt, die Liste der 100 Dinge ist größtenteils auf Basis der Bildungsstandards, die die Kultusministerien gemeinsam für die Grundschulen festgelegt haben, entstanden. Diese Bildungsstandards wurden hier konkreter gefasst und um Hinweise von Pädagogen ergänzt, über welche Kompetenzen Kinder sonst noch verfügen sollten.

Selbstverständlich gibt es viel mehr Dinge, die ein Kind am Ende der Grundschulzeit kann und können sollte, in diesem Buch liegt der Schwerpunkt auf den Themen, die direkt mit der Schule und dem Lernstoff der Grundschule zu tun haben. Was ein Kind lernt, hängt von seinem Umfeld und den Anregungen ab, die es erhält. Grundsätzlich gilt: Ein Kind kann gar nicht zu viel wissen, der Wissensspeicher eines Menschen ist nahezu unbegrenzt und alles, was ein Kind lernt, hilft ihm später in der Schule und im Leben, neue Dinge einzuordnen und sich zurechtzufinden.

Das Buch ist jedoch der Versuch, Mindestfähigkeiten und -kenntnisse zu benennen und Ihnen Hinweise zu geben, wie Sie Ihr Kind auf dem Weg durch die Grundschule begleiten und was Sie zu Hause tun können, damit es die Schullaufbahn gut meistert.

Lernkompetenz

Unsere Welt hat sich in den letzten Jahrzehnten so sehr verändert, dass Spezialfähigkeiten, die jemand vor 20 Jahren gelernt hat, heute kaum noch benötigt werden. Denken Sie nur daran, wie viel Elektronik heutzutage in einem Auto steckt – damit hatte ein Auszubildender vor 20 Jahren noch nichts zu tun. Vermutlich wird dieser Wandel weitergehen. Umso wichtiger ist es, dass Ihr Kind grundlegende Fähigkeiten erlernt, mit denen es neuen Situationen begegnen kann.

Diese Fähigkeiten werden unter Fachbegriffen wie „Methodenkompetenz" oder „Lernkompetenz" zusammengefasst.

Je sicherer Ihr Kind sich diese Methoden aneignet, umso leichter wird es den Übergang auf die weiterführende Schule, ins Studium, in die Ausbildung, in den Beruf schaffen. In diesem Kapitel werden diese Fähigkeiten mit Blick auf das, was in der Schule gefordert ist, dargestellt. Denn am besten lernt Ihr Kind, indem es selbst tätig wird.

Den Schultag selbstständig vorbereiten

Die Schule ist der Job, also die Arbeit und Pflicht Ihres Kindes. Das sollten Sie ihm vom ersten Schultag an klar machen und ihm erklären, dass es damit einen ersten Schritt in die Welt der „Großen" macht und nun mehr Rechte, aber eben auch mehr Pflichten hat.

Vielleicht können Sie ihm kleine Dinge erlauben, die es vorher nicht durfte – etwas länger aufzubleiben zum Beispiel –, damit am ersten

Schultag nicht nur die „Pflichten", sondern auch die „Rechte" bedeutsamer werden. Es empfiehlt sich zudem, den ersten Schultag als Zeitpunkt zu wählen, von dem an Ihr Kind Taschengeld bekommt. Alles, was ihm vermittelt, dass mit dem ersten Schultag ein neuer Lebensabschnitt beginnt, hilft Ihnen dabei, ihm klarzumachen, dass der neue Lebensabschnitt mit Pflichten verbunden ist. Zum Beispiel mit der Pflicht, sich selbstständig auf den nächsten Schultag vorzubereiten.

Niemand erwartet von einem frischgebackenen Schulkind, dass es allein an alles denkt, was es in der Schule benötigt. Allerdings kann es dies lernen. Ihr Kind sollte erkennen, dass es nun verantwortlich ist für die Dinge, die zu seinem „Job" gehören, so wie Sie sich um die Dinge kümmern, die zu Ihrem Job gehören. Lassen Sie Ihr Kind jeden Abend selbst überprüfen, ob alles im Ranzen ist, was es am nächsten Tag braucht.

Beispiel für den Inhalt einer Schultasche
- Etui mit allen Stiften (Filzstifte, Bleistift, Buntstifte)
- Füller
- Lineal 30 cm
- Postmappe (für die Kommunikation zwischen Eltern und Lehrkräften)
- Hausaufgabenheft
- Heftbox mit allen Heften
- Schlamperetui (Schere, Klebstoff, Pinsel, Anspitzer, Radiergummi)
- Flüssigklebstoff
- Essen und Trinken

Um ihm die Kontrolle zu erleichtern, erstellen Sie am besten gemeinsam in der ersten Schulwoche eine Ranzencheckliste. Lassen Sie sich von Ihrem Sohn oder Ihrer Tochter diktieren, was in seiner/ihrer Schultasche ist. Schreiben Sie es in Druckbuchstaben gut lesbar auf ein Blatt Papier. Anschließend darf Ihr Kind zu jedem Punkt ein passendes Bild malen, sodass es selbst die Checkliste lesen kann. Die Liste wird dort aufgehängt, wo die Schultasche abends abgestellt wird, und ab sofort heißt es vor dem Schlafengehen nicht nur: Zähne putzen, sondern auch noch: Schultasche prüfen.

Lassen Sie Ihr Kind die Tasche zunächst selbst kontrollieren und beobachten Sie nur, ob auch wirklich alles vorhanden ist. Damit vermitteln Sie ihm das Gefühl, dass Sie ihm zutrauen, diese Aufgabe allein zu meistern. Wenn Sie feststellen, dass etwas fehlt, fragen Sie nach, zum Beispiel „Brauchst du morgen eigentlich auch den Farbkasten?" Bleiben Sie auf Augenhöhe mit Ihrem Kind und spielen Sie nicht den „Besserwisser", auch wenn Sie wissen, dass Sie das sind.

Wenn die Taschenkontrolle gut klappt, können Sie Ihr Kind diese ganz allein vornehmen lassen und sich der nächsten Selbstständigkeitsaufgabe widmen: ans Pausenbrot und an die Trinkflasche denken. So lernt Ihr Kind nach und nach, dass es sich selbst um seine Schuldinge kümmern muss. Und nicht nur das, diese Kontrollen werden ihm zur Gewohnheit, sodass es sie in den späteren Jahren automatisch vornimmt.

Schulzubehör, das nicht regelmäßig benötigt wird

Ein wenig Hilfe benötigt Ihr Kind in den ersten Jahren bei den Dingen, die es nicht täglich braucht, wie den Turnbeutel, das Wörterbuch oder den Farbkasten. Auch diese Aufgabe können Sie in Angriff nehmen, sobald Ihr Kind sich angewöhnt hat, an den regelmäßigen Taschencheck und das Pausenbrot zu denken.

Lassen Sie Ihr Kind die Materialien, die für einzelne Stunden gebraucht werden, zu den Fächern in den Stundenplan malen oder unter die Stunden des jeweiligen Tages. Damit kann es beim Taschencheck selbst überprüfen, welche Dinge für den nächsten Tag benötigt werden, und diese einpacken.

Ordnung halten

In der Frage der Ordnung scheiden sich die Geister. Während die einen davon sprechen, dass Ordnung das halbe Leben ist, erklären die anderen: „Wer Ordnung hält, ist nur zu faul zum Suchen!" Egal, zu welcher Fraktion Sie gehören, spätestens, wenn Ihr Kind in die Schule kommt, stehen Sie vor der Frage, was nun richtig ist. Und wenn Sie hektisch das Blatt mit den Regeln für die Deutschberichtigung oder den gefalteten rechten Winkel suchen, wird Ihnen klar werden: Ordnung ist das halbe Leben, sie kostet deutlich weniger Nerven und spart Zeit.

Ein Platz, der „Lernen" ruft

Sie können Ihrer Tochter oder Ihrem Sohn das Lernen zu Hause wesentlich erleichtern, wenn Sie vom ersten Schultag an dafür sorgen, dass sie oder er an einem festen Platz lernt. So wird das Lernen dort zur Gewohnheit und Ihr Sprössling vertut keine unnütze Zeit mit der Entscheidung, ob er im Kinderzimmer oder am Esstisch lernt.

Wichtig ist, dass am Lernplatz alles griffbereit ist. Dafür ist ein eigener Schreibtisch optimal. Wenn möglich, sollten Sie Ihrem Kind diese Möglichkeit schaffen und immer wieder prüfen, ob es dort die Hausaufgaben machen kann. Das ist besonders dann schwierig, wenn es Sorge hat, dass die jüngeren Geschwister zur gleichen Zeit besondere Vorteile genießen, ein Eis zum Beispiel. Hier sollten Sie konsequent sein oder darauf achten, dass das Schulkind einen entsprechenden Ausgleich bekommt. Sonst kann es sich vor lauter Grübelei nicht auf die Lernaufgaben konzentrieren.

Um es gar nicht soweit kommen zu lassen, entwickeln Sie mit Ihrem Kind vom ersten Schultag an ein Ordnungssystem – es gewöhnt sich daran und dieser Streitpunkt ist bis auf kleine Pannen ausgeräumt.

Wie sein Ordnungssystem aussieht, hängt davon ab, wo Ihr Kind zu Hause lernt und wie viel Platz ihm zur Verfügung steht. Oberster Grundsatz sollte in jedem Fall sein: Ein Lernplatz ist ein Lernplatz und kein Spielplatz. Um lästige Diskussionen vor den Hausaufgaben zu vermeiden, können Sie mit einer festen Schreibtischunterlage arbeiten, die auf den Schreibtisch gelegt wird, wenn Ihr Kind dort basteln oder spielen will. Dann kann das gesamte Spielzeug mitsamt der Platte vor den Hausaufgaben vom Tisch geräumt werden. Falls Ihr Kind keinen eigenen Schreibtisch hat und/oder am Küchentisch lernt, kann eine Schreibtischunterlage helfen, den Lernteil vom Rest des Tisches abzutrennen.

Der Lernplatz ist jedoch nur ein Teil der Ordnung, der kleinste sogar, denn das größte Chaos entsteht, wenn alle Hefte, Bücher, Blätter auf dem Tisch liegen und nicht auf einen Blick auseinanderzuhalten sind. Dann wird hier etwas aufgehoben und verschoben und am Schluss findet man gar nichts wieder.

Zum Glück sind viele Schulen dazu übergegangen, vom ersten Tag an für die Hefte, Schnellhefter und Bücher ein Farbsystem vorzugeben. Rot ist beispielsweise die Farbe für das Fach Deutsch, Gelb steht für Mathematik, grün sind alle Unterlagen für den Sachunterricht und so weiter. Diese Farbzuordnung erleichtert Ihrem Kind, sich schneller zurechtzufinden und auf ein Fach einzustellen.

Um auch zu Hause den Überblick zu behalten, empfiehlt es sich, zu jedem Fach einen Stehsammler oder ein Ablagekörbchen in der entsprechenden Farbe anzuschaffen. In diese können die Materialien, die nicht benötigt werden, gelegt werden, sodass ohne großen Aufwand Ordnung am Lernplatz herrscht.

Eine Box mit Stiften und anderen nötigen Utensilien am Lernplatz sorgt dann noch dafür, dass nicht alle Dinge aus dem Schuletui oder der Schlamperrolle herausgenommen werden müssen. Schon eine Fehlerquelle beim Einpacken der Schultasche weniger, denn Stifte werden besonders oft vergessen, weil sie nicht auf den ersten Blick ins Auge fallen.

Sich eine längere Zeit konzentrieren

Eine der wichtigsten Voraussetzungen für das Lernen ist die Konzentration. Das ist die Fähigkeit, seine Gedanken gezielt auf eine Aufgabe zu lenken, sie zu zentrieren, und im Kopf alles andere beiseitezuschieben.

Auch wenn Konzentration besonders häufig im Zusammenhang mit der Schule genannt wird, können Kinder sich schon lange vorher konzentrieren, bereits wenn sie als Baby ein Mobile anschauen oder zuhören, wenn jemand mit ihnen spricht. Einerseits wächst die Spanne, in der ein Kind sich konzentrieren kann, von Jahr zu Jahr und zugleich schrumpft sie auch wieder, weil es oft gar keine Chance hat, sie voll auszuschöpfen. Das klingt widersprüchlich, ist aber leider so.

Die sechsjährige Orla beispielsweise sitzt selbstvergessen im Wohnzimmer und baut mit Bausteinen. Sie fügt hier einen Stein hinzu, nimmt dort einen weg und scheint etwas zu bauen, das sie vor ihrem inneren Auge sieht. Da klingelt es, der Vater führt Gäste ins Wohnzimmer und Orla wird aus ihrer Konzentration gerissen. Wer weiß, wie lange sie sich noch konzentriert hätte ...

Dieses Beispiel ist sicher ein Einzelfall, aber seien wir ehrlich, heutzutage passiert ständig etwas, das Ihr Kind ablenkt: das Telefon klingelt, Sie fragen, ob die Hausaufgaben fertig sind, das Nachbarskind klopft ans Fenster, die kleine Schwester will mitspielen – wirklich ausreizen kann ein Kind seine Konzentrationsfähigkeit heute kaum noch. Wann kommt es zu Hause vor, dass ein Kind sich 30 oder gar 45 Minuten mit ein und demselben Gegenstand beschäftigt? Kommt es allerdings in die Schule, soll es quasi auf einen Schlag seine Konzentration so weit ausdehnen.

Das heißt aber, Sie fördern die Konzentration Ihres Kindes dann am besten, wenn Sie es in Ruhe lassen, wenn es beschäftigt ist. Lassen Sie es austesten, wie lange es ein Buch anschauen oder ein Spiel spielen kann, ehe es das Gefühl hat, es braucht einen neuen Reiz. Fernsehen, Playstation und Computer eignen sich übrigens nicht zum Konzentrationstraining, weil ihre Technik darauf ausgerichtet ist, alle paar Sekunden oder sogar Millisekunden einen neuen Reiz auszulösen.

Spieleklassiker, die die Konzentration trainieren

- Memory
- Stapelpferd
- Yenga
- Mikado
- Puzzle
- Koffer packen
- Solitär
- Reversi

Zur Konzentration gehört aber auch, dass Ihr Kind in der Lage ist, die Gedanken, die gerade nicht wichtig sind, beiseitezuschieben. Ja, wirklich, es muss diese Gedanken quasi im Kopf an die Seite legen und sich nur mit den Hausaufgaben beschäftigen. Das ist leichter gesagt als getan, das wissen Sie aus eigener Erfahrung.

Wortversteck

Schreiben Sie ein langes Wort aus dem Interessengebiet Ihres Kindes auf, zum Beispiel „Pferdehalfter" oder „Fußballschuhe". Die Aufgabe Ihres Kindes ist nun, nur aus Buchstaben, die in dem Wort vorkommen, drei bis fünf neue Wörter zu bilden. Es müssen nicht alle Buchstaben verwendet werden.

Pferdehalfter: er, Pferd, der, Erde, Tal, Haft, Rede ...
Fußballschuhe: Schuh, Fuß, All, alle, Lasche, Fall, Halle ...

Sie können Ihrem Kind auf unterschiedliche Weise helfen, seine Gedanken zu bündeln. Wenn es sich einfach nur schwertut, den Anfang zu finden, eignet sich ein Spiel mit Stift und Papier wie das „Wortversteck", ein Sudoku oder ein Bilderrätsel. Kann es seine Gedanken nicht von einem Ereignis lösen, zum Beispiel dem Streit mit der Freundin oder dem Welpen der Nachbarin, dann legen Sie gemeinsam eine „Gedankentruhe" an.

Die „Gedankentruhe" ist ein Kästchen, in dem die wichtigen Gedanken während der Hausaufgaben aufbewahrt werden. Lassen Sie Ihr Kind diese Gedanken auf einen Zettel schreiben oder malen, den Zettel falten und in das Kästchen legen. Das klingt so einfach, aber es ist verblüffend, wie diese Methode wirkt – übrigens nicht nur bei Grundschulkindern.

Und wenn die Konzentration nicht klappt?

Es kann viele Ursachen haben, wenn Ihr Kind sich nicht so konzentrieren kann, wie die Lehrer oder Sie sich das vorstellen. Möglicherweise ist es unterfordert, die Aufgaben und Reize erscheinen ihm langweilig und sinnlos. Oder es ist überfordert und traut sich an die Aufgaben gar nicht erst heran. Vielleicht ist Ihr Kind aber auch gewohnt, dass ständig neue Reize kommen, die die Konzentration wach halten, wie es das vom Fernsehen oder Computer kennt.

Auffälligkeiten bei der Konzentration sind nicht immer ein Anzeichen für ein Aufmerksamkeitsdefizitsyndrom (ADS) oder eine Aufmerksamkeitsdefizitstörung und Aufmerksamkeitsdefizit-/Hyperaktivitätsstörung (ADHS). Auch eine Hochbegabung kann sich durch Konzentrationsstörungen bemerkbar machen. Und vielleicht ist Ihr Kind einfach ständig übermüdet, weil es zu lange fernsieht oder nachts über familiäre Probleme nachdenkt.

Sollten Sie den Eindruck haben, dass Ihr Kind Probleme mit der Konzentration hat, prüfen Sie zunächst die Rahmenbedingungen, die die Konzentration beeinflussen können, wie Medienkonsum, Geräuschkulisse, Schlaf, Familiensituation. Wenn sich dort keine Anlässe für Konzentrationsprobleme finden, sprechen Sie mit dem Lehrer und dem Kinderarzt.

Vermuten Sie eine Konzentrationsstörung, lassen Sie diese unbedingt testen, ehe Sie Ihrem Kind Medikamente geben. Arzneimittel können zwar positive Wirkungen haben, Sie können aber auch schaden. Und vielleicht gibt es andere Modelle, um die Konzentration Ihres Kindes zu verbessern.

Sich am Unterricht beteiligen

Mieke sitzt in der Schule und starrt ihren Lehrer an. Er hat etwas gefragt und sie weiß die Antwort, aber ihre Hand will einfach nicht nach oben gehen. Es ist, als würde jemand sie festhalten. „Melde dich!", sagt sie sich immer wieder, doch nichts passiert.

So wie Mieke geht es vielen Schülern. Sie wissen die richtige Antwort auf die Frage des Lehrers und trauen sich nicht, sich zu melden. Dabei ist die Beteiligung am Unterricht der halbe Lernerfolg. Ein Schüler, der sich gedanklich mit dem Unterrichtsthema beschäftigt und eine Frage stellt oder eine Antwort gibt, hat den Stoff bereits einmal wiederholt und abgespeichert.

Ermuntern Sie Ihr Kind also, sich am Unterricht zu beteiligen. Wenn es unsicher ist, muss es nicht gleich eine Lehrerfrage beantworten, es kann sich freiwillig melden, wenn die Hausaufgaben oder ein Text aus dem Buch vorgelesen werden sollen. Dabei sammelt es Pluspunkte und trainiert gleichzeitig, vor der Klasse zu sprechen.

Das Geheimnis der Sprechstifte

Mieke ist es leid. Sie will sich ab sofort im Unterricht melden und legt am Anfang der Stunde drei Stifte vor sich auf den Tisch. Die hat ihre Oma ihr geschenkt, Sprechstifte hat sie sie genannt. Jedes Mal, wenn Mieke sich meldet, darf sie einen Stift wegnehmen. Mieke ist selbst überrascht, wie leicht es auf einmal geht, sich zu melden. Fast kommt es ihr vor, als hätten die Sprechstifte magische Kräfte.

Das ist natürlich nicht so, aber Mieke verbindet diese drei besonderen Stifte mit der Beteiligung am Unterricht und wird durch sie immer wieder daran erinnert und ermutigt.

Versuchen Sie, Ihr Kind mit solchen Sprechstiften zu motivieren. Vielleicht klappt es genauso wie bei Mieke.

Ursache für die Unsicherheit ist meist die Angst, sich zu blamieren, die Angst davor, dass die anderen Kinder einen auslachen.

Je früher Ihr Kind sich daran gewöhnt hat, im Beisein anderer etwas zu erzählen, ein Gedicht oder eine Fürbitte vorzutragen und eine Frage zu stellen, umso leichter fällt es ihm, sich in der Schule am Unterricht zu beteiligen. Falls Ihr Kind also zu den extrem ruhigen Kindern gehört, üben Sie zunächst zu Hause, laut eine Frage zu stellen oder etwas vorzulesen, auch vor einem kleinen Publikum aus Freunden Ihres Kindes, Ihren Freunden oder den Großeltern.

Die Zungenbrecherparty

Wie wäre es mit einer Zungenbrecherparty, bei der sich Kinder und Erwachsene gemeinsam blamieren und es plötzlich gar nicht so schlimm ist, wenn jemand einen Fehler macht.

Eine Zungenbrecherparty können Sie in jedes gesellige Beisammensein einfließen lassen: in das Grillfest, den Kindergeburtstag oder den Besuch einer befreundeten Familie. Suchen Sie im Internet möglichst schräge Zungenbrecher oder greifen Sie auf die Klassiker („Fischers Fritz fischt frische Fische" oder „Blaukraut bleibt Blaukraut und Brautkleid bleibt Brautkleid") zurück und tragen Sie sie reihum laut vor. Für Ihr Kind wird es eine große Erleichterung sein, wenn es sieht, dass auch Erwachsene Fehler machen und es aushalten, dass alle lachen.

Hausaufgaben selbstständig erledigen

Es ist für Kinder besonders schwer zu verstehen, dass ihr „Job" nicht in der Schule endet, sondern sich in ihre Freizeit hineindrängt. Kinder, deren Eltern zu Hause arbeiten, tun sich damit häufig leichter als Kinder, deren Eltern nur außerhalb der Familie arbeiten. In jedem Fall sind Sie als Eltern hier gefragt: Sie sollten Ihrem Kind vermitteln, dass auch Hausaufgaben zum „Job" Schule gehören und dass sie keine freiwillige Arbeit, sondern Pflicht sind. Je eher Ihr Kind versteht, dass es um die Hausaufgaben nicht herumkommt, umso eher hört die Diskussion über das Thema auf.

Weisen Sie darauf hin, dass die Hausaufgaben ihren Sinn haben und nicht dazu dienen, Ihrem Kind den Nachmittag zu verderben. Mithilfe der Hausaufgaben kann es überprüfen, ob es verstanden hat, was in der Schule besprochen wurde. Es kann sich zu Hause in aller Ruhe und ohne eine drängelnde Freundin, die mit dem Stoff vielleicht schon fertig ist, selbst einschätzen – auch darin, wie lange es für welche Aufgaben benötigt. Schließlich sind die Hausaufgaben wichtig, um den Lernstoff zu wiederholen, sonst geht er schnell verloren. Der Kopf ist wie der Computer: Wenn das Spiel oder der Text abgespeichert wird, muss Ihr Kind immer wieder von vorne anfangen.

Immer zur gleichen Zeit lernen

Zur selbstständigen Erledigung der Hausaufgaben gehört auch anzufangen. Ein leidiges Thema, vor allem, wenn noch kleine Geschwister da sind, die sich mit solchen Pflichten nicht herumschlagen müssen.

So wie ein fester Lernplatz Ihr Kind auffordert, mit dem Lernen zu beginnen, hilft auch eine feste Lernzeit Ihrem Kind, sich aufzuraffen und die Aufgaben zu erledigen.

Optimal ist es, wenn es jeden Tag zur gleichen Zeit arbeitet, was sich durch Training oder auch schulische Veranstaltungen in der Regel nicht immer umsetzen lässt. Dann empfiehlt es sich, die Lernzeiten für jeden Tag in den Stundenplan und/oder in den Familienplaner einzutragen – so vermeiden Sie gleich, genau für die Zeit einen Arzttermin oder ein Treffen mit Freunden zu vereinbaren. Denn: Die Hausaufgaben gehören zum Job Ihres Kindes und sollten ebenso wie Ihre beruflichen Verpflichtungen nicht willkürlich verschoben werden. Das vermittelt Ihrem Kind den Eindruck, die Hausaufgaben wären unwichtig.

Die Hausaufgaben zu erledigen ist das eine, ebenso wichtig ist, dass Ihr Kind im Laufe der Grundschulzeit dazu übergeht, sie selbstständig zu erledigen. Schließlich können und wollen Sie nicht bis zum Schulabschluss neben ihm sitzen und erklären, was es lernen muss.

Aber auch das Erledigen der Hausaufgaben will gelernt sein. Das fängt damit an, dass Ihr Sohn oder Ihre Tochter die Aufgaben notiert, wenn sie in der Schule besprochen werden. Häufig werden die Aufgaben an die Tafel geschrieben und die Schüler müssen sie abschreiben. Eine leichte Übung, die dennoch in der Hektik des Unterrichtsschlusses oft untergeht. Da ist es einfacher, nachmittags die Freunde anzurufen und sich nach den Hausaufgaben zu erkundigen. In der Grundschule mag das noch funktionieren. Doch, was ist, wenn Ihr Sohn in der weiterführenden Schule verschiedene Kurse besucht? Versuchen Sie die telefonische Nachfrage auf ein Minimum zu reduzieren.

Der nächste Schritt ist, die Hausaufgaben zu erledigen. Lassen Sie Ihr Kind alleine beginnen und gehen Sie seine Aufgaben erst am Ende mit ihm gemeinsam durch. Nicht als Kontrolle, ob alles gemacht wurde, sondern um ihm zu zeigen, wie es zum Schluss selbst alles noch einmal überprüfen kann. Bitten Sie Ihr Kind abzuhaken, was es bereits erledigt hat. So eignet es sich schon früh eine Methode an, die ihm immer wieder zugutekommt. Für Sie ist das selbstverständlich, aber auch Sie mussten sich das irgendwann einmal aneignen, und je eher Ihr Kind diese Abhaktechnik lernt, umso besser.

Informationen beschaffen

Lernen bedeutet heute nicht mehr so sehr, Informationen, die vom Lehrer vorgegeben werden, auswendig zu lernen, es wird vielmehr immer wichtiger, sich selbst Informationen zu beschaffen. Mit dieser Fähigkeit schafft sich Ihr Kind eine gute Grundlage für die gesamte

Schulzeit und darüber hinaus, denn es wird immer Informationen sammeln müssen, um sich mit einem Sachverhalt vertraut zu machen.

Lernen an Stationen

Grundschulen versuchen immer stärker, Kindern zu vermitteln, wie sie Informationen beschaffen und auswerten können. In das „Lernen an Stationen" sind meist Arbeitsaufgaben eingebunden, die von den Kindern verlangen, Informationen zu beschaffen.

Lernen an Stationen ist vergleichbar mit einem Zirkeltraining. An verschiedenen Stellen im Klassenraum oder in der Schule finden die Schüler Aufgaben, die sie allein oder in kleinen Gruppen lösen müssen.

Diese Art der Arbeit trainiert zum einen selbstständig zu lernen, sie ermöglicht den Kindern aber vor allem, in unterschiedlichem Tempo zu lernen, sodass sich niemand unter Druck gesetzt fühlt.

Es ist erstaunlich, dass selbst Kinder im Grundschulalter schon die Suche nach Informationen mit „Googlen", also der Recherche im Internet, gleichsetzen. Ältere Schüler suchen häufig nicht einmal mehr in der Suchmaschine, sie geben ihren Begriff gleich bei Wikipedia ein und verlassen sich darauf, dass die Informationen dort richtig sind. Das sind sie zwar häufig auch, dennoch sollte Ihr Kind lernen, sich Informationen aus verschiedenen Quellen zu beschaffen.

Nutzen Sie die nächste Frage Ihres Kindes oder die nächste Hausaufgabe aus dem Sachunterricht dazu, mit ihm zu überlegen, wo Sie die Antwort auf die Frage finden können. Regen Sie an, einen Experten zu befragen, und prüfen Sie, ob Ihr Kind oder Sie jemanden kennen, der die Frage beantworten könnte. Schauen Sie in Nachschlagewerken oder Sachbüchern nach, ob Sie dort eine Antwort finden. Suchen Sie ruhig auch im Internet und schauen Sie gleichzeitig, ob es in Ihrer Region eine Anlaufstelle gibt, die Ihnen weiterhelfen könnte.

Beispielfrage: Was fressen Igel?

Sie haben am Straßenrand einen verletzten Igel gefunden? Ein guter Anlass, um sämtliche Informationsquellen anzuzapfen und herauszufinden, was zu tun ist.

Als Experte käme ein Tierarzt oder der Verantwortliche eines Tiergeheges infrage.

Lassen Sie Ihr Kind seine Fragen persönlich oder telefonisch stellen.

Eine erste Information bietet auch ein Nachschlagewerk oder vielleicht haben Sie ein Tierlexikon zu Hause.

Im Internet finden Sie auf jeden Fall ausführliche Informationen, doch das sollte nur ein Weg sein, sich zu informieren. Ihr Kind soll schließlich lernen, verschiedene Kanäle zu nutzen.

Nun kommt die entscheidende Frage: Welche Information ist richtig? Auf wen verlassen Sie sich, auf wen kann sich Ihr Kind verlassen? Diese Frage sollte es unbedingt lernen und sich nicht auf die erstbeste Erläuterung verlassen. Erklären Sie ihm, dass die Information die sicherste ist, die von mehreren Seiten erfolgt: Wenn in dem Beispiel sowohl der Tierarzt und der Tierpfleger als auch das Tierlexikon und das Internet erklären, dass ein Igel Käfer, Schnecken und Raupen frisst, Wasser trinkt und Milch überhaupt nicht vertragen kann, kann es sich darauf verlassen und den Informationen gemäß handeln.

In der Gruppe arbeiten

Maja, Sven und Celina sitzen im Wohnzimmer und streiten sich. Seit einer halben Stunde versuchen sie, eine Gruppenarbeit zum Thema „Hunde" zu erledigen. Doch sie finden keine Lösung.

Gruppenarbeit muss man eben auch lernen. Und das ist gar nicht so einfach, vor allem, wenn die Gruppe sich nicht freiwillig gefunden hat.

Falls ein solches Chaos in Ihrem Wohnzimmer geschieht, dürfen Sie also ruhig eingreifen und die Kinder auf den richtigen Weg führen. Klären Sie vorab, ob es für die Gruppenarbeit bestimmte Regeln gibt, ob diese von der Lehrerin oder dem Lehrer ausgegeben oder genannt wurden. Im Eifer, die Aufgabe zu lösen, gehen solche Dinge schon einmal unter.

Wenn es ein Infoblatt mit Regeln für die Gruppenarbeit gibt, gehen Sie die Regeln mit den Kindern durch – oder auch mit Ihrem Kind allein, wenn es hilflos vor der Aufgabe sitzt. Erklären Sie, dass solche Regeln wichtig sind, damit alle den gleichen Anteil an der Gruppenarbeit haben und niemand falsch bewertet oder nicht beachtet wird.

Beispielregeln für die Gruppenarbeit
- Jedes Mitglied der Gruppe ist für das Ergebnis mitverantwortlich.
- Alle Mitglieder arbeiten mit und helfen sich gegenseitig.
- Jeder hört jedem zu.
- Es wird nur über das vorgegebene Thema gesprochen.
- Aufgaben werden gerecht verteilt.
- Jeder kümmert sich um seine Aufgabe und bittet wenn nötig um Hilfe.
- Alle haben ihre Aufgaben zum vereinbarten Zeitpunkt fertig.
- Jeder schreibt etwas oder trägt etwas vor.

Im nächsten Schritt sollten die Aufgaben herausgefiltert werden, die gemeinsam gelöst werden können, beispielsweise Ideen sammeln (was sollte man über Hunde wissen?), eine Meinung entwickeln (sollte ein Kind einen Hund besitzen?), einen Experten (zum Beispiel einen Hundetrainer) interviewen oder einen Text lesen.

In der Grundschule liegt das Problem der Gruppenarbeit meist darin, dass die Kinder es nicht gewohnt sind, sich selbst zu moderieren, zum Beispiel zusammenzutragen, was in dem Text vorkommt. Kinder denken häufig, sie müssten alles in der Gruppe machen, niemand fängt an oder alle reden auf einmal und keiner bekommt mit, was der andere sagt. Hier kann es sinnvoll sein, wenn die Kinder lernen, reihum einen Gesprächsleiter zu bestimmen. Wichtig ist, dass dieser wechselt und sich keiner zum heimlichen Chef der Gruppe macht. Aber das kennen Sie ja aus Ihrem Alltag zur Genüge.

Schließlich müssen die Ergebnisse zusammengetragen werden – und hier wird es knifflig mit der Aufgabenverteilung, denn die Kinder können schlecht abwechselnd jeder einen Buchstaben schreiben. Nun ist der Augenblick gekommen, an dem klar gesagt werden muss, wer was aufschreibt, aufklebt oder vorträgt.

Jedes Kind sollte seinen Fähigkeiten entsprechend eingesetzt werden, doch wenn gar nichts anderes hilft, muss notfalls das Los oder der Würfel entscheiden – Schule ist eben sehr nah am wahren Leben und bereitet auch darauf vor.

Bitten Sie die Kinder, die letzten Informationen zu bündeln – am besten thematisch (Hunderassen, Hundepflege, Hundeernährung) – und zu nummerieren. Dann würfeln Sie und legen damit fest, wer was schreibt oder vorträgt. Es gibt auch im Kinderleben Momente, in denen eine höhere Macht entscheiden muss. Allerdings sollte das wirklich der letzte Ausweg sein, denn Ihr Kind sollte ja vor allem lernen, sich in einer Gruppe zu behaupten, sich zu beteiligen und einen wichtigen Beitrag zu leisten.

Lernen planen

In den ersten Schuljahren ist Lernen noch relativ einfach: Ihr Kind lernt in der Schule etwas Neues und übt es zu Hause. Irgendwann werden die Hausaufgaben umfangreicher und die ersten kleinen Tests und Schulaufgaben stehen an. Nun ist es nicht mehr damit getan, dass Ihr

Kind nachmittags übt, was es vormittags gelernt hat. Entweder sind die Hausaufgaben so umfangreich, dass sie auf mehrere Tage verteilt werden müssen, oder Ihr Kind muss Stoff aus einem längeren Zeitraum wiederholen. Spätestens dann ist der Zeitpunkt gekommen, an dem es lernen sollte, seine Lernaufgaben zu planen und sich Gedanken darüber zu machen, wann es was lernt.

Um sich einen Lernplan erstellen zu können, ist es wichtig, herauszufinden, was eigentlich zu tun ist. Gehen Sie mit Ihrem Kind lange Hausaufgaben durch und versuchen Sie die Aufgaben zusammen in kleine Abschnitte aufzuteilen. Sammeln Sie vor einem Test oder einer Klassenarbeit alle Lernthemen, die in der Arbeit vorkommen könnten.

Am besten lassen Sie Ihr Kind für jede Teilaufgabe einen Notizzettel schreiben, dann kann es sich die Aufgaben einteilen und die Zettel mit den erledigten Teilaufgaben wegwerfen. Das motiviert und der Aufgabenberg wird merklich kleiner.

Vorsicht vor ähnlichen Lernstoffen

Wenn Sie mit Ihrem Kind planen, wann es was lernt – ob den Stoff zur Vorbereitung auf die Klassenarbeit oder die Hausaufgaben –, achten Sie unbedingt darauf, dass es ähnlichen Lernstoff nicht direkt hintereinander lernt. Sonst gerät das Gelernte im Kopf durcheinander und es kann am Ende gar nichts richtig.

Das gilt besonders für Sprachen. Ihre Tochter oder Ihr Sohn sollte also Deutsch und eine Fremdsprache oder zwei Fremdsprachen nicht direkt hintereinander lernen.

Wichtig ist, wie viel Zeit für die Erledigung der Aufgaben zur Verfügung steht. Überlegen Sie gemeinsam, welchen Termin die Lehrerin für den Test genannt hat oder bis wann die lange Hausaufgabe erledigt sein muss.

Bitten Sie Ihr Kind, mithilfe eines Kalenders zu prüfen, wie viele Tage ihm zum Lernen bleiben. Prüfen Sie gemeinsam, ob einer der Tage womöglich schon verplant ist mit einem Ausflug, Besuch, einem Training oder Fußballmatch.

Ordnen Sie jedem der Lerntage Aufgaben zu. Das mag im ersten Moment langwierig klingen, aber auch dies ist eine Frage der Gewohnheit. Noch lernt Ihr Kind, seine Lernzeit für längere Lernaufgaben einzuteilen. Wenn es sicherer ist, geht das fast von allein. Und es verfügt dann über eine Fähigkeit, die ihm in der weiterführenden Schule und im Leben hilft, größere Aufgaben zu bewältigen. Denn leider sind die Aufgaben, die an einem Tag zu erledigen sind, außerhalb der Schule eher selten.

Lernen mit der Lernpinnwand

Eine Lernpinnwand ist eine herkömmliche Pinnwand, auf der mit kleinen Zetteln die Wochentage am oberen Rand notiert wurden und die Lernzeiten am linken und rechten Rand. Damit behält Ihr Kind die Woche im Blick und kann längere Aufgaben auf die Wochentage und Lernzeiten verteilen. Es heftet einfach die Notizzettel mit den Teilaufgaben an die entsprechenden Stellen – schon geht nichts mehr verloren. Das gilt besonders für die Aufgaben, die täglich erfüllt werden müssen, zum Beispiel das Lesen und Einmaleinsüben. Wenn ein besonders auffälliger Zettel von Tag zu Tag mitwandert, geraten auch solche Aufgaben nicht in Vergessenheit.

Mit allen Sinnen lernen

Wie ist das eigentlich mit Ihnen? Wann merken Sie sich etwas besonders gut: Wenn Sie es sehen, riechen, schmecken, tasten oder hören? Das ist nämlich bei jedem Menschen anders, jeder hat sich schon als

Säugling an einen Hauptsinn gewöhnt, über den er am besten Neues aufnehmen kann.

Das heißt nun nicht, dass Ihr Kind die Ohren zuklappen oder die Augenlider schließen kann, weil es sich am besten merkt, was es ertastet oder riecht. Ihr Kind lernt immer mit allen Sinnen. (Es kann ja auch höchstens den Sehsinn bewusst abstellen, indem es die Augen schließt, aber die anderen nicht.) Allerdings sollten Sie es dabei unterstützen, dass sein persönlicher Hauptsinn besonders gefordert und gefördert wird.

Doch wie finden Sie den Hauptsinn Ihres Kindes heraus? Beobachten Sie es und versuchen Sie sich zu erinnern, ob Ihr Kind schon im Kleinkindalter einen Hauptsinn hatte, über den es am intensivsten die Umwelt wahrgenommen hat. Hat Ihr Sohn oder Ihre Tochter zum Beispiel schon immer lieber Bilderbücher angeschaut, als sich Geschichten ohne Illustrationen anzuhören? Oder war es ganz begeistert, wenn es Musik oder Hörspiele gehört hat? Hat es Bilderbücher und Hörspiele links liegen lassen, um alles, was nicht niet- und nagelfest war, zu betasten – auch noch mit drei oder vier Jahren? Solche Erfahrungen sind Zeichen dafür, wo der Hauptsinn Ihres Kindes liegt.

Achten Sie vor allem bei den Hausaufgaben darauf, dass es seinen Hauptsinn beim Lernen einbezieht, dass es zum Beispiel Texte laut liest, wenn es ein Ohren-Lerner ist, dass es sich Bilder zum Lernstoff malt, wenn es ein Augen-Lerner ist oder ein Modell baut, wenn es Dinge im wahrsten Sinne des Wortes „be-greifen" muss, also ein Hand-Lerner ist.

Den Hauptsinn zu benutzen ist das eine Geheimnis des Lernerfolgs. Das zweite ist, möglichst viele Sinne zu nutzen. Mit jedem Sinn, der angesprochen wird, speichert Ihr Kind die Information auf anderem Wege ab. Das heißt, eine einzige Information ist gleich drei- oder viermal im Gedächtnis gespeichert und kann entsprechend leichter wiedergefunden werden. Vermutlich ist das der Grund, warum Kleinkinder so unglaublich viel Wissen in so kurzer Zeit sammeln. Sie sind ständig in Aktion, betasten hier etwas, betrachten es genau und hören, was andere darüber sagen.

Mit Augen, Ohren und Händen lernen

Tipps für Augen-Lerner: Notizen machen, Bilder malen, Bilder ausschneiden, Grafiken oder Mindmaps erstellen, Texte lesen und markieren, Karteikärtchen schreiben, Lernposter basteln

Tipps für Ohren-Lerner: über Lernstoff sprechen, Texte laut lesen, CDs zum Lernthema anhören, Töne zum Lernstoff sammeln

Tipps für Hand-Lerner: Modelle basteln, Notizen machen, Experimentieren, Lernspiele einsetzen, mit der Lernkartei lernen

---

Ein Gedicht auswendig lernen

Es ist ein wenig erstaunlich, dass Kinder in der Kindertagesstätte (Kita) ohne Schwierigkeiten Gedichte und Lieder auswendig lernen, während sie sich in der Grundschule damit häufig schwertun. Dabei ist ein Gedicht nichts anderes als ein Lied ohne Melodie, das sollte doch zu schaffen sein.

Helfen Sie Ihrem Kind dabei, seine eigene Gedichtmethode zu finden. Während manche Kinder sich das Gedicht lieber mehrmals vorlesen oder vorsprechen (lassen), schwören andere darauf, es wiederholt abzuschreiben oder gar nachzuspielen. Es gibt keine Methode, die für alle passend ist. Nutzen Sie die Grundschulzeit, verschiedene Wege auszuprobieren, damit Ihr Kind seinen Weg, vielleicht auch eine Kombination aus den drei Methoden, gefunden hat.

Die zwei Wurzeln

Zwei Tannenwurzeln groß und alt
unterhalten sich im Wald.
Was droben in den Wipfeln rauscht,
das wird hier unten ausgetauscht.
Ein altes Eichhorn sitzt dabei
und strickt wohl Strümpfe für die Zwei.
Die eine sagt: knig. Die andre sagt: knag.
Das ist genug für einen Tag.

(Christian Morgenstern, 1871–1914)

1. Auswendig lernen durch sprechen

Lassen Sie Ihr Kind den ersten Vers (also die erste Zeile) oder die ersten beiden Verse lesen und laut sprechen, bis es den Text sicher beherrscht. Verfahren Sie nun mit den nächsten Versen ebenso. Am Ende der ersten Strophe bitten Sie es, die ganze Strophe auf einmal zu sprechen. Diese Vorgehensweise wiederholen Sie mit Ihrem Kind, bis das Gedicht sitzt.

2. Auswendig lernen durch abschreiben

Ihr Kind liest den ersten Vers oder die ersten beiden Verse und schreibt sie auswendig auf. Am besten spricht es noch dazu. Dann folgen die nächsten beiden Verse bis zum Ende der ersten Strophe. Die Strophe kann es nun sprechen oder aufschreiben, das hängt davon ab, was ihm am besten behagt. Schließlich wird dieser Weg so lange wiederholt, bis das Gedicht sitzt.

3. Auswendig lernen mit Bildern

Kinder haben häufig Schwierigkeiten, sich einen Text zu merken, weil sie sich keine Gedanken über den Inhalt des Gedichtes machen. Dabei ist ein Gedicht nichts anderes als eine Geschichte in Versform. Um dies zu verdeutlichen, malt Ihr Kind bei dieser Methode eine kleine Bildergeschichte zu dem Gedicht und spricht sich zu den Bildern die jeweiligen Verse vor.

Der Schnupfen

Ein Schnupfen hockt auf der Terrasse,
auf dass er sich ein Opfer fasse
– und stürzt alsbald mit großem Grimm
auf einen Menschen namens Schrimm.
Paul Schrimm erwidert prompt: „Pitschü!"
und hat ihn drauf bis Montag früh.

(Christian Morgenstern, 1871–1914)

4. Auswendig lernen mit Gesten

Schauspieler lernen Texte meist nicht als reinen Text auswendig, sondern sie bewegen sich passend dazu, wie es auch nachher auf der Bühne nötig ist. Auch auf diese Weise kann Ihr Kind ein Gedicht auswendig lernen. Wenn es nicht zum Text umherlaufen möchte, kann es zumindest passende Gesten machen, und sei es nur an Stellen, an denen es immer wieder hängen bleibt.

Wie gesagt, es gibt keinen Weg, der für alle Kinder gleich ist. Aber vielleicht probieren Sie einfach an einem Regentag oder am Strand, eines der Gedichte um die Wette auswendig zu lernen.

Bezug zum Lernstoff suchen

Ihr Kind lernt dann am besten, wenn es versteht, warum es etwas lernen muss, da geht es ihm nicht anders als Ihnen. Es ist immer schwierig, abstrakte Dinge zu lernen, mit denen man kein Bild verbindet. Sie helfen Ihrem Kind daher, wenn Sie ihm beibringen, wie es einen Bezug zwischen dem Lernstoff und sich selbst finden kann.

Bei Sachthemen ist das häufig leichter als bei Lernstoff aus dem Deutsch- oder Mathematikunterricht. Wichtig ist, dass Ihr Kind sich eine Methode aneignet, mit der es schnell solche Zusammenhänge findet. Ein Weg ist ein Brainstorming mit sich selbst, ein **Brainwriting** quasi, bei dem Sie anfangs gemeinsam – später dann Ihr Kind allein – innerhalb von wenigen Minuten alles aufschreiben, was Ihnen zu dem Thema einfällt. Sie können sich dafür zum Beispiel eine Sanduhr stellen.

Schon haben Sie bzw. hat Ihr Kind viele Anknüpfungspunkte, um sich zu merken, dass ein Quadrat vier gleich lange Seiten und vier rechte Winkel hat.

Beispiel-Brainstorming zum Thema „Quadrat"

- Schokolade
- Faltpapier
- selbst gebasteltes Kästchen
- Käsescheiben
- Toastbrot
- Kachel im Badezimmer
- Fliese im Flur
- Muster auf dem Lieblingspullover
- Vorfahrtstraße

Ein anderer Weg, einen Bezug zum Lernthema zu finden, bietet die **Mindmap**, eine Art Landkarte des Wissens oder der Ideen. Um eine Mindmap zu erstellen, benötigen Sie lediglich ein weißes Blatt und Stifte.

Mindmap „Schildkröte"

Schreiben Sie in die Mitte das Stichwort, zu dem Sie Bezüge herstellen möchten, und sammeln Sie dann in Kreisen, Kästchen oder Wolken darum herum Fragen und Gedanken zu dem Thema. Sie werden sehen, auf einmal ist Ihr Kind mitten im Thema und motiviert, sich mit der Hausaufgabe und dem Lernthema zu beschäftigen.

Schließlich können Sie mit Ihrem Kind zusammen herausfinden, ob ein ähnliches Thema schon in einem Buch oder Film, in einem Playstation-Spiel oder in einem Gespräch, bei einem Ausflug oder einem Museumsbesuch … vorkam. Lassen Sie sich überraschen, was Ihrem Kind einfällt, wenn es alles sagen darf, was ihm einfällt.

Wörter und Fakten auswendig lernen

Zum Lernen gehört auch, Wörter und Fakten auswendig zu lernen, zum Beispiel Größenmaße, dass ein Kilogramm 1000 Gramm entspricht oder die Hauptstadt von Nordrhein-Westfalen Düsseldorf heißt.

Im Laufe der Grundschulzeit lernt Ihr Kind viele solcher Fakten und Informationen, die später automatisch, auf inneren Knopfdruck sozusagen, abrufbar sein müssen. Damit dies auch wirklich gelingt, müssen diese Informationen stets aufs Neue wiederholt werden. Es reicht nicht, sie für einen Test oder die nächste Unterrichtsstunde zu lernen. Je öfter sie angewendet werden, umso sicherer sind sie im Gedächtnis verankert und umso leichter kann Ihr Kind sie wieder abrufen, wenn es sie in einem Jahr oder später wieder benötigt.

Nutzen Sie daher jede Gelegenheit, das Wissen Ihres Kindes „abzufragen", ob das während der Fahrt in den Urlaub oder beim Einkaufsbummel ist. Wann immer Ihnen etwas begegnet, das im Zusammenhang mit solchem Basiswissen steht, fragen Sie danach.

Was Ihr Kind auswendig können sollte

- Das kleine Einmaleins mit Tauschaufgaben
- Die Zehnerergänzung
- Fachbegriffe aus der Mathematik und dem Deutschunterricht
- Merkwörter der Rechtschreibung
- Gängige Wörter wie Präpositionen (an, auf, bei, für, wegen) und Konjunktionen (und, aber, denn, nämlich)
- Hauptstädte der Bundesländer
- Flüsse und Orte in Ihrer Region

Um diese und ähnliche Informationen zu lernen, eignet sich eine **Lernkartei** besonders gut. Sie besteht aus einem Karteikasten mit fünf Fächern sowie Karteikärtchen. Die Karteikärtchen werden so beschriftet, dass auf einer Seite der eine Teil der Informationen (zum Beispiel die Malaufgabe) und auf der anderen Seite der andere Teil der Information (zum Beispiel das Ergebnis) steht. Lassen Sie Ihr Kind diese Kärtchen selbst schreiben, dabei wiederholt es die Aufgaben oder Informationen bereits.

Für das klassische Lernen mit der Lernkartei werden die Kärtchen ins erste Fach gesteckt. Nun fragt Ihr Kind sich Karte für Karte selbst ab, zum Beispiel: $2 \cdot 3 = 6$. Ihr Kind dreht die Karte um und vergleicht sein Ergebnis mit der Antwort auf der Rückseite. Ist die Lösung richtig, wandert das Kärtchen ins nächste Fach, ist sie falsch, wird sie an das Ende des ersten Faches gesteckt.

Ihr Kind sollte in jedem Lerndurchgang höchstens 20 Kärtchen auf einmal üben und dann eine Pause machen oder eine Hausaufgabe erledigen, ehe es beginnt, die nächsten Kärtchen abzuarbeiten. Sind nach der ersten Runde alle Kärtchen einmal bearbeitet, darf der Karteikasten bis zum nächsten Tag in die Ecke gestellt werden.

In der zweiten und jeder folgenden Lernrunde beginnt Ihr Kind mit dem hintersten Fach, in dem sich Kärtchen befinden. Wenn es die Lösung weiß, darf die Karte ins nächste Fach, weiß es sie nicht mehr, muss die Karte zurück ans Ende des ersten Fachs gesteckt werden.

Merkspiel

Neben der klassischen Art des Lernens mit den Karteikarten können Sie mit Ihrer Tochter oder Ihrem Sohn die Aufgaben oder Begriffe auch spielerisch lernen. Wählen Sie dazu 20 Kärtchen aus einem der Fächer und legen Sie sie mit den Aufgaben nach oben in einem Kreis auf den Tisch.

Besorgen Sie einen Würfel und für jeden Spieler eine Spielfigur, schon kann es losgehen.

Jeder Spieler wählt ein Feld als Startfeld. Es wird reihum gewürfelt, jeder darf die Felder entsprechend der gewürfelten Augenzahl vorrücken. Allerdings muss die Aufgabe gelöst werden, auf der die Spielfigur steht. Wird sie richtig gelöst, darf der Spieler die Karte an sich nehmen, ist die Lösung falsch, bleibt die Karte liegen.

Das Spiel ist beendet, wenn alle Karten weg sind – und gewonnen hat natürlich derjenige, der die meisten Karten hat.

Ein Tipp: Tun Sie gelegentlich so, als wären Sie nicht sicher und lassen Sie die Karte liegen.

Ein Referat halten

Es gibt kaum jemanden, der sich durch die Schulzeit wurschtelt, ohne irgendwann einen kleinen Vortrag oder ein Referat zu halten. Umso schöner ist es, dass solche Vorträge in Form kleiner Referate oder Buchvorstellungen inzwischen auch in die Grundschule Einzug gehalten haben. Je eher sich Ihr Kind daran gewöhnt, vor einer Gruppe zu sprechen, umso leichter wird ihm das in den höheren Klassen fallen, wenn es mit einem Referat seine Note womöglich deutlich verbessern kann.

Allerdings gilt auch für ein Referat: Es ist noch kein Meister vom Himmel gefallen und ein wenig Training und Vorbereitung sind schon nötig, damit es ein Erfolg wird.

Die Vorbereitung beginnt bereits bei der Auswahl des Themas – in der Grundschule wird häufig eine Buchpräsentation als Aufgabe gewählt, sicher auch deshalb, weil Kinder, wenn sie das Buch gelesen haben, in der Regel zumindest den Inhalt sicher wiedergeben können.

Recherchehilfe

Ihr Kind sollte das Referat oder die Buchpräsentation selbstständig vorbereiten. Sie haben eher die Aufgabe eines Assistenten, wenn es zum Beispiel darum geht, den Autoren des Lieblingsbuches anzuschreiben, um Informationen herauszufinden, die weder im Buch noch im Internet stehen. Stehen Sie auch bei der Strukturierung beratend zur Seite.

Das Referat vorzubereiten und später zu halten ist natürlich die Aufgabe Ihres Kindes und Sie sollten ihm gerade die Vorbereitung nicht abnehmen. Allerdings dürfen Sie durchaus dabei helfen zu überlegen, was es vortragen möchte, wie es sich merkt, was es sagen will und auf welche Weise es seinen kleinen Vortrag ergänzt.

1. Auswahl des Themas

Wenn das Thema nicht von der Schule vorgegeben ist, sollte Ihr Sohn oder Ihre Tochter seinen/ihren Interessen entsprechend frei auswählen. Dann wählt er/sie ein Thema, mit dem er/sie sich auskennt und zu dem er/sie auf jeden Fall etwas sagen kann, falls beim Vortrag alles Vorbereitete im Lampenfieber untergeht.

2. Vorbereitete Rede oder Stichworte

Regen Sie Ihr Kind an, sich Stichworte auf Karteikarten oder Notizzettel zu machen. Es darf seine kleine Rede ruhig einmal aufschreiben, sollte diese aber nachher in Stichworte übertragen, damit es sie frei halten kann. Machen Sie ihm jedoch klar, dass es im Notfall – wenn das Lampenfieber zu groß ist – auf die vollständige, geschriebene Fassung zurückgreifen darf. Für viele Kinder ist diese Sicherheit wie ein Netz, das sie dann doch nicht benötigen.

3. Gestaltung des Vortrags

In jedem Fall sollte Ihr Kind sein Referat lebendig gestalten, je nach Thema kann es besondere Effekte einbauen, zum Beispiel einen Ausschnitt aus dem Buch, ein Lernposter oder ein selbst gebasteltes Modell, passende Fotos oder selbst gemalte Bilder. Der Fantasie Ihres Kindes sind kaum Grenzen gesetzt. Und je intensiver es über solche Effekte nachdenkt, umso intensiver beschäftigt es sich mit den Inhalten und hat sie am Ende besser verinnerlicht, als hätte es fünf Probevorträge gehalten.

4. Generalprobe

Ermuntern Sie Ihr Kind, eine Generalprobe seines Vortrages zu halten – sollte etwas schief gehen, können Sie darauf verweisen, dass das am Theater auch meist so ist und die Aufführung dann immer besonders gut wird. Stellen Sie sich selbst als Probezuhörer zur Verfügung und versuchen Sie, andere Zuhörer zu gewinnen – eine gute Gelegenheit für Großeltern und Paten, sich für Ihr Kind zu engagieren.

Lassen Sie Ihrem Kind völlig freie Hand bei dem Probevortrag, in der Schule können Sie ihm auch nicht helfen. Greifen Sie nur ein, wenn etwas wirklich schief geht, und stellen Sie bei der Manöverkritik am Ende die positiven Dinge heraus.

Ziel des Referates ist nicht, dass Ihr Kind einen perfekten Vortrag hält, sondern dass es ein Thema aufbereitet und vor einem kleinen Publikum auftritt.

Am Tag des Referates sollten Sie gelassen bleiben. Die meisten Kinder im Grundschulalter machen sich gar nicht so viele Gedanken vor solchen Auftritten wie wir Erwachsenen. Versuchen Sie Ihr Kind also gar nicht erst mit Ihrem Lampenfieber anzustecken, sondern tun Sie so, als wäre der Tag ein normaler Schultag, was er ja auch ist.

Wissen bildlich darstellen

Bilder spielen in unserer Welt eine immer wichtigere Rolle, deshalb wird Ihr Kind in der Grundschule lernen, Informationen nicht nur in einem Text, sondern auch bildlich darzustellen. Das bedeutet nicht nur, ein Bild zu malen, sondern auch eine Grafik oder eine Collage, ein Lernplakat oder ein Lernposter zu einem vorgegebenen Thema zu erstellen. Ihr Kind soll die bildliche Darstellung als Methode kennenlernen, mit der es sich Wissen einprägen kann.

Nicht umsonst heißt es in einem Sprichwort: „Ein Bild sagt mehr als 1000 Worte" – es ist tatsächlich so, dass wir uns Bilder besser merken, und vor allem, dass wir Bilder eher erinnern als Texte oder gehörte Worte. Ihr Kind wird daher im Laufe seiner Schulzeit immer wieder Informationen bildlich gestalten müssen. Wenn es das in der Grundschule geübt hat, wird es ihm leichter fallen, solche Bilder zu erstellen, aber auch sie zu lesen.

In der Grundschule lernen die Kinder meist, ein Lernposter oder Lernplakat zu einem Thema zu erstellen. Mit wenigen Worten und vielen Bildern sollen sie die Kernaussagen eines Themas deutlich machen.

Vermutlich wird Ihr Kind mit Feuereifer an eine solche Hausaufgabe herangehen, ist sie doch so ganz anders als die Aufgaben, die es sonst zu Hause für die Schule lösen soll. Bremsen Sie seinen Eifer nicht, sondern versuchen Sie es zu unterstützen, wo immer es nötig und möglich ist.

Stellen Sie große Bögen Papier, Klebstoff und alte Zeitschriften zur Verfügung, damit Ihr Kind genau jene Bilder findet, die es für sein Lernposter benötigt.

Fragen Sie nach, worum es in dem Lernposter geht, und geben Sie dezente Hinweise, wenn Sie den Eindruck haben, Ihr Kind verrennt sich vor lauter Klebefreude – aber auch nur dann.

Kann Ihr Kind Ihnen zum Beispiel schlüssig erklären, was das Bild vom Nordseestrand mit Schildkröten zu tun hat („Es gibt doch auch Meeresschildkröten, Mama!"), lassen Sie es gewähren.

Regeln für Lernplakate

In manchen Schulen bekommen die Kinder Regeln für Lernplakate, damit sie wissen, wonach die Lernplakate bewertet werden. Solche Kriterien sind zum Beispiel:

- Übersichtlichkeit
- erkennbares Thema
- zum Thema passende Bilder
- gute Auswahl der Unterpunkte

Haben Sie den Eindruck, dass Ihr Kind sein Werk abgeschlossen hat, bitten Sie es um eine kleine Einführung in das Lernposter. Damit geben Sie ihm zugleich Gelegenheit, seine eigenen Gedanken zu überprüfen und die Präsentation in der Schule zu erproben.

Deutsch

Deutsch ist eines der Fächer, das Ihr Kind die ganze Schulzeit durch begleiten wird. In der Grundschule lernt es die Grundlagen dafür, nämlich Lesen und Schreiben in unterschiedlichen Zusammenhängen. Dazu gehört, einen Text zu lesen und zu verstehen, verschiedene Formen von Texten selbst zu schreiben und die Grammatik der Sprache in den Grundzügen zu beherrschen. Je besser Ihr Kind diese Fähigkeiten und Kenntnisse in der Grundschule trainiert, umso leichter fällt es ihm, sich den Stoff der späteren Schuljahre auch in anderen Sprachen anzueignen.

Einen Grundwortschatz besitzen

Der Wortschatz ist das A und O der Sprache. Je größer die Anzahl der Wörter ist, die Ihr Kind versteht und nutzt, umso besser kann es sich verständigen. Das macht sich nicht nur in Schulaufsätzen bemerkbar, sondern auch in der mündlichen Mitarbeit und im Austausch mit anderen Menschen.

Ihr Kind hat schon im ersten Lebensjahr begonnen, seinen Wortschatz aufzubauen. Und das Prinzip bleibt auch im Grundschulalter gleich: Es hört ein Wort, versucht herauszufinden, was es bedeutet, macht sich ein Bild dazu und nutzt die nächstbeste Gelegenheit, es anzuwenden. Damit prüft es, ob es das Wort richtig verstanden hat. Sie merken schon, Ihr Kind geht nicht viel anders vor als Sie. Der Unterschied liegt sicher vor allem darin, dass jüngere Menschen neue Wörter unbefangener ausprobieren, während wir Erwachsene uns vorher versichern, ob das neue Wort wirklich in den Zusammenhang passt.

Aktiver und passiver Wortschatz

Jeder Mensch besitzt einen aktiven Wortschatz, das sind die Wörter, die er tagtäglich anwendet, und einen passiven Wortschatz, das sind die Wörter, die er selbst nicht nutzt, aber versteht. Sie werden zum Beispiel kaum noch das Wort „Barbier" verwenden und dennoch wissen Sie, dass das früher ein Beruf war.

Der passive Wortschatz ist um ein Vielfaches größer als der aktive Wortschatz. Kinder im Grundschulalter verfügen über einen aktiven Wortschatz mit 5 000 bis 10 000 Wörtern.

Für Sie heißt das vor allem, dass Sie Ihrem Kind ermöglichen sollten, einen breiten Wortschatz kennenzulernen. Sprechen Sie also ruhig abwechslungsreich mit ihm und nehmen Sie in Kauf, dass es manche Wörter nicht kennt. Es wird schon nachfragen, wenn es den Sinn nicht aus dem Zusammenhang erschließen konnte.

Fremde Wörter

Der achtjährige Kris sitzt vor seiner Hausaufgabe. Er soll ein Bild zu einem Gedicht malen. Aber was soll er malen? Da ist von einem Schneemann mit einer Rübennase und Kohleaugen die Rede.
Kris hat keine Vorstellung, wie er den Schneemann malen soll. Er fragt seinen älteren Bruder: „Was ist eine Rübe?" „Na, ein Kopf", antwortet der Bruder. „Und was ist Kohle?" „Das ist doch Geld, Mensch!", heißt es.

Das Beispiel zeigt, wie wichtig es ist, abwechslungsreich zu sprechen und Texte zu lesen, in denen altmodische Begriffe vorkommen, die nicht zum aktiven Wortschatz gehören.

Lesen Sie viel vor, dabei werden Ihnen unter Umständen sogar Wörter begegnen, die Sie selbst noch nicht kennen, weil der Autor oder die Autorin in einer anderen Region lebt.

Bringen Sie durchaus auch scheinbar veraltete Begriffe ins Gespräch ein, wenn es passt, oder erzählen Sie aus Ihrer Kindheit oder der Ihrer Eltern.

Viele Texte in den Deutschbüchern sind 70 Jahre oder älter, da kann es sein, dass Begriffe vorkommen, die heute nicht mehr üblich sind.

Wenn Sie merken, dass Ihr Kind Spaß an Wörtern hat, legen Sie mit ihm zusammen ein familieneigenes Wörterbuch an. Besorgen Sie eine dicke Kladde mit Register und lassen Sie es besondere Wörter samt Erklärungen eintragen. So vertiefen Sie seinen Wortschatz und schaffen einen Anlass, Schreiben zu üben.

Linktipps

Im Internet finden Sie für verschiedene Bundesländer eine Übersicht der Wörter, die ein Schüler im Laufe der Grundschulzeit lernen sollte. Schauen Sie nach, wenn Sie unsicher sind, ob Ihr Kind über einen guten Wortschatz verfügt oder nicht.

Falls Sie selbst auf den Geschmack gekommen sind und nach vergessenen Wörtern fahnden möchten, besuchen Sie eine dieser Internetseiten: www.wortweide.de www.bedrohte-woerter.de

---

Ein Gespräch führen

„Wenn der Kuchen spricht, haben die Krümel Pause" lautet ein typischer Spruch, den Sie vielleicht von Ihren Eltern gehört haben. Die Botschaft ist eindeutig: Wenn Erwachsene reden, haben Kinder nichts zu sagen. Doch wie sollen sie dann lernen, sich an einem Gespräch zu beteiligen? Das Können wird ihnen ja nicht in die Wiege gelegt, sie müssen es trainieren, wie all ihre Fähigkeiten und Fertigkeiten.

Doch was heißt es, ein Gespräch zu führen? Dazu gehört nicht nur, etwas zu sagen. Entscheidend für ein Gespräch ist das Wechselspiel zwischen den Gesprächspartnern: Der eine sagt etwas, der andere hört zu, verarbeitet das Gehörte und setzt etwas dagegen.

Dabei ist es mitunter nicht leicht, überhaupt zu Wort zu kommen. Die obige Redensart wird meist eingesetzt, wenn Kinder den Erwachsenen ins Wort fallen, dabei können sie womöglich gar nicht anders. Sie haben vielleicht noch nicht gelernt, woran sie erkennen können, wann eine Sprechpause entsteht.

Beispielhafte Gesprächsregeln für Schule und Familie
- Höre den anderen gut zu.
- Wenn du etwas sagen möchtest, warte, bis der andere ausgeredet hat.
- Überlege, ob das, was du sagen möchtest, zum Thema passt.
- Sprich langsam und deutlich, damit dich alle verstehen.
- Zeige mit deiner Stimme, wenn du fertig bist mit dem Sprechen.
- Schau die anderen beim Sprechen an.

Beobachten Sie sich einmal beim Gespräch: Sie sagen erst dann etwas, wenn die Stimme des Sprechenden nach unten geht. Daran erkennen Sie, dass der Satz gleich zu Ende ist, und Sie haken dank jahrelanger Übung fix ein. Die fehlt Ihrem Kind, daher ist es wichtig, dass es viele Gespräche erlebt und mitbekommt, wie Sie sich unterhalten. Ein Gespräch ist wie ein Pingpong-Spiel: Man wartet, dass einem der Gesprächsball zugespielt wird, reagiert darauf, hört, was der andere sagt, und reagiert wieder.

Im Grundschulalter können Sie schon sehr gute Gespräche mit Ihrem Kind führen, nutzen Sie jede Gelegenheit, in der Sie mit ihm über eine Frage diskutieren können. Nehmen Sie auch einmal bewusst eine Gegenposition ein, denn zu einem Gespräch gehört, auf andere Meinungen zu reagieren und sich nicht einfach in den Schmollwinkel zu verziehen.

Achten Sie darauf, dass alle Familienmitglieder grundlegende Gesprächsregeln einhalten, denn auch hier lernt Ihr Kind durch das Vorbild der anderen mehr, als Sie vielleicht möchten.

Erlebnisse und Geschichten erzählen

Erinnern Sie sich noch an die Erlebnisaufsätze, die Sie in Ihrer Schulzeit schreiben durften oder mussten? „Mein schönster Ferientag" oder „Unser Schulausflug"? Dann werden Ihnen manche Hausaufgaben Ihres Kindes bekannt vorkommen, denn auch heute lernen Kinder in der Grundschule noch, Erlebnisse zu berichten oder Geschichten zu erzählen.

Dabei geht es nicht nur darum, sich zu erinnern oder kreativ zu sein. Ebenso wichtig ist, dass Ihr Sohn oder Ihre Tochter beim Erzählen eines Ereignisses übt, auf die logische Reihenfolge zu achten und Erlebtes in eigenen Worten wiederzugeben. Deshalb ist bedeutsam, dass Ihr Kind bei einem Fantasieaufsatz oder einer Reizwortgeschichte nicht einfach eine Fernsehsendung oder den Inhalt einer Geschichte nacherzählt, sondern selbst eine Situation erfindet und sich Gedanken über die Abfolge der Ereignisse macht.

Aber natürlich übt Ihr Kind, wenn es eigene Erlebnisse erzählt, auch seinen Wortschatz. Es merkt, ob die Zuhörer gespannt lauschen oder gelangweilt umherblicken, und bekommt ein Gefühl dafür, wie eine Geschichte aufgebaut werden sollte, um die Zuschauer für sich zu gewinnen.

Spielen und erzählen

Im Spielwarenhandel sind einige Spiele erhältlich, die dazu anregen, etwas zu erzählen oder Geschichten zu erfinden. Wenn Sie über einen Vorrat an alten Urlaubsfotos verfügen, leisten aber auch die sehr gute Dienste. Legen Sie einfach die Fotos in die Mitte des Tisches. Würfeln Sie reihum. Wer eine Sechs würfelt, dreht ein Foto um und erzählt ein Erlebnis zu dem Bild oder eine kleine, auch total verrückte Geschichte.

Sie werden sehen, Sie haben lange nicht so viel an einem Abend oder Nachmittag gelacht.

Lesbar und flüssig schreiben

Zu den wichtigsten Dingen, die Ihr Kind in der Grundschule lernt, gehört das Schreiben. Das Ziel des Schreibunterrichts ist, dass der Schüler lesbar, flüssig und unverkrampft schreibt. Wie die Buchstaben geschrieben werden, lernen sie in der Schule, die sollten Sie zu Hause auch gar nicht beibringen, da Sie möglicherweise anders schreiben, als Ihr Kind es heute tut. Je nach Bundesland und Schule lernt es möglicherweise eine andere Schrift, als Sie in Ihrer Schulzeit gelernt haben, unter Umständen sogar als die älteren Geschwister.

Die vier Schriftarten

Lateinische Ausgangsschrift: Sie war von Mitte der 1950er bis Ende der 1960er-Jahre die einzige Schrift, die in der Schule unterrichtet wurde. In manchen Schulen lernen die Schüler diese Schrift auch heute noch.

Vereinfachte Ausgangsschrift: Sie wurde Ende der 1960er-Jahre entwickelt und wird seit Mitte der 1970er-Jahre in den Schulen gelehrt. Sie ist derzeit am häufigsten verbreitet.

Schulausgangsschrift: Diese Schrift wurde Ende der 1960er-Jahre in der DDR eingeführt und wird heute in einigen Bundesländern noch vermittelt.

Grundschrift: Dies ist die jüngste Schrift, seit dem Schuljahr 2011/2012 kann sie in den Hamburger Schulen alternativ zur Schulausgangsschrift unterrichtet werden.

Erkundigen Sie sich in der Schule, wenn es Ihnen nicht ohnehin beim ersten Elternabend erläutert wurde, welche Schrift gelehrt wird. Bitten Sie um eine Übersicht der verschiedenen Buchstaben (die Sie aber auch im Internet finden oder in Schreibübungsheften, wie sie verschiedene Hersteller von Schulheften anbieten).

Wenn Ihr Kind unsicher ist, wie es einen Buchstaben schreiben soll, schauen Sie in der Übersicht oder im Schulbuch nach, damit Ihr Kind den Buchstaben so lernt, wie er in der Schule verlangt wird.

Ab der dritten Klasse, wenn die Schüler sowohl die Druck- als auch die Schreibschrift kennen, beginnen sie ihre eigene Handschrift zu entwickeln. Klären Sie mit dem Lehrer oder der Lehrerin, wie offen Ihr Kind dabei sein darf. Manche Lehrer möchten, dass weiterhin in Schreibschrift geschrieben wird, andere lassen auch eine Kombination aus Druck- und Schreibschrift zu.

Wichtig ist, dass Ihr Kind sich mit seiner Schrift wohlfühlt und dass es sie schnell und lesbar schreiben kann. Heute ist nicht mehr entscheidend, wie schön eine Schrift ist, sondern wie funktional. Und wenn Sie ehrlich sind, schreiben auch Sie viel schneller in einer Kombination aus Druck- und Schreibschrift als nur in Schreibschrift.

Der passende Schreibstift

Mit einem geeigneten Schreibstift können Sie die Schrift und die Schreibfreude Ihres Kindes stärker beeinflussen, als Sie denken.

In den ersten Klassen schreiben die Kinder in der Schule mit Bleistift, ein Füller wird häufig erst ab der zweiten oder dritten Klasse eingesetzt. Doch Ihrem Kind vermittelt das Schreiben mit einem Bleistift das Gefühl, es befände sich noch immer im Anfängerstadium. Locken Sie es zu Hause beim spielerischen Schreiben oder beim Üben außerhalb der Hausaufgaben ruhig mit bunten Stiften, die ihm Spaß machen.

Besonders gut eignen sich Faserschreiber, das Highlight sind Gelschreiber, die man ausradieren kann. Beim Schreiben reagieren Faserschreiber ohne großen Druck, sodass Ihr Kind sich nicht verkrampft.

Um zur eigenen Schrift zu kommen, ist viel Übung erforderlich. Hier können Sie Ihr Kind unterstützen: Lassen Sie es zum Beispiel den Einkaufszettel schreiben – auch schon in der ersten Klasse. So lernt es, dass Schreiben sinnvoll ist und sich die Mühe, es zu lernen, lohnt. Und es kann seine neu erworbenen Kenntnisse anwenden. Spielen Sie Schreibspiele wie „Stadt, Land, Fluss", das Sie zur Freude Ihres Kindes in „Stadt, Sänger, Fußballer" abwandeln dürfen. Bei solchen Spielen sollten Sie die Rechtschreibung bewusst außer Acht lassen, um das Spiel nicht zu verderben. Sie dürfen sich aber durchaus merken, wo Ihr Kind Fehler macht, um diese beim nächsten Üben zu berücksichtigen.

Ein Bild beschreiben

Im Laufe der Grundschulzeit lernt Ihr Kind Beschreibungen zu verfassen. Die **Bildbeschreibung** ist nur ein Beispiel dafür, ebenso ist es gefordert, eine Person zu beschreiben oder gar einen Vorgang – eine echte Herausforderung, heißt es doch, genau hinzuschauen, die Besonderheiten zu erkennen und sich womöglich zu erinnern, wie ein Vorgang abläuft.

Ihr Kind übt solche Beschreibungen im Alltag ganz nebenbei, wenn es der Oma am Telefon erzählt, was es zum Geburtstag bekommen hat, oder Ihnen berichtet, wie die neue Lehrerin aussieht. Sogar Vorgänge beschreibt es, wenn es seinen Freunden erklärt, wie es einen Drachen gebastelt oder eine Sandburg gebaut hat. Unter Umständen benötigt Ihre Tochter oder Ihr Sohn eine kleine Aufforderung, der Oma zu erzählen, wie das neue Fahrrad aussieht.

Hören Sie genau hin, wenn Ihr Kind den Gegenstand, die Person oder den Vorgang beschreibt, und fragen Sie nach, wenn es wichtige Details vergessen hat.

Bei einer Bildbeschreibung wird von Ihrem Kind nichts anderes verlangt, als eine Situation oder einen Gegenstand zu beschreiben. Nutzen Sie seine Begeisterung für das neue Spielzeug des Freundes und lassen Sie sich genau beschreiben, wie das Spielzeug aussieht. Damit schaffen Sie eine gute Basis für eine Bildbeschreibung, bei der noch wichtig ist, dass Ihr Kind schreibt, was sich im Bildvordergrund befindet und was im hinteren Bildteil zu sehen ist, wie das Bild aufgeteilt ist, ob es freie Flächen gibt oder besondere Details, die es hervorheben sollte.

Bilder raten

Bei diesem Spiel trainiert Ihr Kind spielerisch, ein Bild zu beschreiben. Sie benötigen für das Spiel nur Bildkarten oder Fotos, die zu Beginn des Spiels offen zwischen die Spieler gelegt werden.

Jeder Spieler wählt ein Bild aus, das er beschreiben möchte, verrät aber nicht, welches das ist. Reihum wird nun ein Bild beschrieben. Wird das Bild erraten, bekommen sowohl der Spieler, der das Bild beschrieben hat, als auch derjenige, der es erraten hat, einen Punkt. Gewonnen hat, wer am Ende die meisten Punkte hat.

Übrigens: „Ich sehe was, was du nicht siehst" ist auch bei Grundschulkindern noch in und lenkt die Aufmerksamkeit auf Einzelheiten – eine gute Vorübung für Beschreibungen.

Eine **Personenbeschreibung** übt Ihre Tochter oder Ihr Sohn beim Beschreiben einer Person. Das kann eine reale Person sein, aber auch eine Figur aus einer Lieblingssendung. Erkundigen Sie sich nach Einzelheiten, der Haarfarbe oder der Größe, um Ihr Kind zu ermuntern, auch auf solche Dinge zu achten. In der Schule findet die Personenbeschreibung entweder mithilfe eines Bildes statt oder die Kinder sollen eine Person aus ihrem Umfeld beschreiben. Dabei sollen Sie meist folgende Reihenfolge einhalten und sich auf die äußeren Merkmale beschränken:

- Gesamteindruck (Alter, Größe, Figur),
- Gesicht (Haarfarbe und Frisur, Ohren, Augen, Nase, Mund), Oberkörper und Bekleidung,
- Unterkörper und Bekleidung inkl. Strümpfe und Schuhe,
- besondere Kennzeichen wie eine Brille, Schmuck oder ein Gegenstand in der Hand.

Die **Vorgangsbeschreibung** ist eine besondere Herausforderung, das wäre sie vermutlich auch für Sie. Letztlich ist das so, als sollten Sie ein Rezept oder eine Bauanleitung schreiben. Meist sollen die Kinder einfache Tätigkeiten wie das Zähneputzen oder Schuhezubinden beschreiben, für die Beschreibung komplexerer Tätigkeiten gibt es eine Bildvorgabe oder auch einen Text, der in eine Vorgangsbeschreibung umformuliert werden muss. Je öfter Sie unabhängig von solchen schulischen Aufgaben Ihr Kind ermuntern zu erklären, wie es etwas macht, umso leichter wird es mit dieser Aufgabe zurechtkommen.

Beschreibungen als Hausaufgabe

Was Sie unbedingt beachten sollten, wenn Sie mit Ihrem Kind die Beschreibungen überprüfen:

- Beschreibungen werden immer im Präsens (in der Gegenwart) geschrieben.
- Satzanfänge sollten unterschiedlich sein.
- Ihr Kind sollte treffende Verben (Tätigkeitswörter) und Adjektive (Eigenschaftswörter) nutzen.
- Eine sinnvolle Reihenfolge sollte erkennbar sein.

Einen Text sinnverstehend lesen

Lesen ist kein Selbstzweck, auch wenn Sie den Eindruck bekommen könnten, wenn Sie beobachten, mit welcher Hingabe Ihr Kind übt, einen Text laut vorzulesen. Es ist zwar schön, wenn es laut lesen kann, aber Ziel des Lesenlernens ist es nicht. Ziel ist vielmehr, einem Text den offenen und den versteckten Sinn zu entnehmen. Ja, auch in Texten für Grundschulkinder ist die Botschaft nicht immer auf den ersten Blick zu erkennen. Wörter können eben unterschiedliche Bedeutungen haben, je nachdem, wo sie im Satz stehen und welche Wörter sie begleiten. Ein blauer Himmel ist nun einmal etwas anderes als ein bedeckter oder gar ein wolkenverhangener Himmel. Ihr Kind würde im ersten Schuljahr ohne Ihren dezenten Hinweis vermutlich nur Himmel lesen und die restlichen Informationen nicht beachten.

Sinnverstehendes Lesen muss und kann Ihr Kind trainieren, indem es einen Text bewusst liest, immer wieder innehält, um sich das Gelesene vorzustellen und schon vorauszudenken, was als Nächstes geschehen könnte. Doch der Weg bis dorthin ist weit, und es gibt viele Schüler in weiterführenden Schulen, die sich damit schwertun – möglicherweise, weil ihnen niemand erklärt hat, wie sinnverstehendes Lesen funktioniert.

Es gibt verschiedene Wege, sich einem Text zu nähern. Der erste Schritt sollte immer die genaue Lektüre der Überschrift sein. Erkundigen Sie sich bei Ihrem Kind, was es erwartet, nachdem es die Überschrift oder den Titel eines Buches gelesen hat. Damit stimmen Sie es inhaltlich ein und es kann das, was es danach liest, einordnen. Es gibt natürlich auch irreführende Überschriften, allerdings kaum bei Texten für Grundschüler, sondern eher bei Satiren, Glossen oder Kurzgeschichten in der weiterführenden Schule. In der Grundschule kann Ihr Kind sich noch auf die Überschrift verlassen.

Die beiden Frösche

Zwei Frösche, deren Tümpel die heiße Sommersonne ausgetrocknet hatte, gingen auf die Wanderschaft. Gegen Abend kamen sie in die Kammer eines Bauernhofs und fanden dort eine große Schüssel Milch vor, die zum Abrahmen* aufgestellt worden war. Sie hüpften sogleich hinein und ließen es sich schmecken.
Als sie ihren Durst gestillt hatten und wieder ins Freie wollten, konnten sie es nicht: Die glatte Wand der Schüssel war nicht zu bezwingen, und sie rutschten immer wieder in die Milch zurück.
Viele Stunden mühten sie sich nun vergeblich ab, und ihre Schenkel wurden allmählich immer matter. Da quakte der eine Frosch:

„Alles Strampeln ist umsonst, das Schicksal ist gegen uns, ich geb's auf!" Er machte keine Bewegung mehr, glitt auf den Boden des Gefäßes und ertrank. Sein Gefährte aber kämpfte verzweifelt weiter bis tief in die Nacht hinein. Da fühlte er den ersten festen Butterbrocken unter seinen Füßen, er stieß sich mit letzter Kraft ab und war im Freien.

* abrahmen: die Fettschicht von der Milch schöpfen

Äsop (nach: http://gutenberg.spiegel.de)

Der nächste Schritt kann sein, sich laut oder leise zu fragen, um was es in dem Text gehen könnte. Ein Titel wie „Der Löwe und die Maus" lässt vermuten, dass es um eine Geschichte geht, in der sich ein großer Löwe und eine kleine Maus begegnen. Das wird auf jeden Fall spannend werden, vielleicht aber auch weniger schön, weil der Löwe eine Raubkatze ist und Katzen nun einmal Mäuse fressen. Der Titel „Die beiden Frösche" dagegen weist nur darauf hin, dass es um zwei Frösche geht. Aber wie kommen sie zusammen – könnte Ihr Kind fragen. Sind sie Freunde? Werden sie Freunde? Sind sie Feinde? Handelt es sich um eine Familie? Um Geschwister vielleicht? Und was erleben sie gemeinsam?

Sinnverstehend Bücher lesen

Nahezu alle Erstlesebücher enthalten inzwischen Fragen zum Text, mit denen Ihr Kind daran gewöhnt wird, auf Details zu achten und sich selbst immer wieder Fragen zum Text zu stellen.

Halten Sie in der Bücherei oder in der Buchhandlung Ausschau nach solchen Büchern. Sie wecken zum einen die Lesefreude Ihres Kindes und fördern zum anderen das sinnverstehende Lesen. Lesen Sie ein solches Buch ruhig auch einmal gemeinsam und rätseln Sie nach jeder Überschrift, was als Nächstes passieren könnte. So regen Sie auch noch die Fantasie an und zeigen, wie wichtig es ist, die Überschrift bewusst zu lesen.

Sie sehen schon, die Fragen motivieren einen geradezu, endlich den Text mit den Fröschen zu lesen, um eine Antwort zu finden. Nun gilt es, beim Lesen genau auf jedes einzelne Wort zu achten, um nichts zu verpassen. Was bedeutet es zum Beispiel, dass die glatte Schüsselwand in der Geschichte „Die beiden Frösche" nicht zu erzwingen war? Kann Ihr Kind sich darunter aus dem Zusammenhang etwas vorstellen? Wenn nicht, erklären Sie es ihm, da es sonst die Geschichte nicht versteht.

Ermuntern Sie es nachzufragen, wann immer ein unbekanntes Wort in einer Geschichte vorkommt, damit es den Inhalt begreift und keine schlechte Note bekommt.

Am Ende des Textes ist wichtig, dass Sie mit Ihrem Kind überlegen, was es aus dem Text lernen könnte, später heißt dies, die Kernbotschaft oder Kernaussage zu finden.

Der Fuchs und der Storch

Eines Tages hatte der Fuchs den Storch zum Mittagessen eingeladen. Es gab nur eine Suppe, die der Fuchs seinem Gast auf einem Teller vorsetzte. Von dem flachen Teller aber konnte der Storch mit seinem langen Schnabel nichts aufnehmen. Der listige Fuchs indessen schlappte alles in einem Augenblick weg.
Der Storch sann auf Rache. Nach einiger Zeit lud er seinerseits den Fuchs zum Essen ein. Der immer hungrige Fuchs sagte freudig zu. Gierig stellte er sich zur abgemachten Stunde ein. Lieblich stieg ihm der Duft des Bratens in die Nase. Der Storch hatte das Fleisch aber in kleine Stücke geschnitten und brachte es auf den Tisch in einem Gefäß mit langem Halse und enger Öffnung. Er selbst konnte mit seinem Schnabel leicht hineinlangen. Aber die Schnauze des Fuchses passte nicht hinein. Er musste hungrig wieder abziehen. Beschämt, mit eingezogenem Schwanz und hängenden Ohren schlich er nach Hause. Wer betrügt, muss sich auf Strafe gefasst machen.

La Fontaine (nach: http://gutenberg.spiegel.de)

Fabeln und Märchen eignen sich besonders gut, bei Ihrem Kind das Verständnis für diese Kernbotschaft zu wecken. Wenn es einmal verstanden hat, dass auch eine Geschichte eine Information enthält – und sei es nur ein Gedanke zum Weiterdenken –, hat es ein wichtiges Prinzip gelernt, das ihm die ganze Schulzeit durch helfen wird.

Wenn das Lesen schwerfällt

Neben der Rechtschreibschwäche gibt es auch eine Leseschwäche: Die Schüler können ohne Probleme schreiben, sie haben jedoch Schwierigkeiten, einen Text laut und leise zu lesen. Wenn Sie bemerken, dass Ihr Kind auch nach der zweiten Klasse noch mit jedem Text kämpft, sollten Sie die Lehrer ansprechen und sich erkundigen, ob sie bei Ihrem Kind eine Leseschwäche vermuten. Wenn das der Fall ist, ist es wichtig, dass Ihr Kind getestet wird und eine besondere Förderung erhält. Ansprechpartner dafür ist zunächst der schulpsychologische Dienst, der Ihnen möglicherweise eine weitere Anlaufstelle nennt.

Besonders aufmerksam werden sollten Sie, wenn Ihr Kind den größten Teil dieser Verhaltensweisen zeigt:

- Ihr Kind schafft es auch in der zweiten Klasse noch nicht, die Buchstaben zusammenzuziehen.
- Ihr Kind liest sehr langsam und rät oft.
- Ihr Kind versteht den Sinn des Gelesenen gar nicht.
- Ihr Kind kann auch nach der zweiten Klasse Wortbilder häufiger Wörter nicht auf einen Blick erfassen, sondern zieht die Buchstaben noch zusammen.
- Ihr Kind wird beim Lesen schnell müde.
- Ihr Kind drückt sich ums Lesen, wann immer es geht. Es verschweigt sogar Leseaufgaben zu Hause.
- Ihr Kind ist gut in Mathematik, hat allerdings große Probleme bei Textaufgaben.

Eine Geschichte nacherzählen

Zu den Dingen, die Ihr Kind in der Grundschule lernt und sein ganzes Leben lang anwenden wird, gehört ganz bestimmt die Nacherzählung (auch wenn sie später Inhaltsangabe oder Zusammenfassung heißt und schriftlich und nicht mündlich verfasst wird).

Aber auch schriftliche Nacherzählungen sind durchaus schon in der Grundschule üblich. Ob das Nacherzählungen von kurzen Fabeln oder Märchen sind – hier wird Ihr Kind gefordert, sich die wichtigsten Informationen zu merken und diese in eigenen Worten wiederzugeben.

Ja, eine Nacherzählung sollte in eigenen Worten erfolgen. Sie entsteht nicht dadurch, dass Satzteile oder ganze Sätze gestrichen werden. Diese Variante probieren Kinder gerne aus, weil sie unter einer Nacherzählung einen verkürzten Text verstehen und nicht eine zweite Fassung des gleichen Textes in anderen Worten. Dies wird Sie möglicherweise einige Nerven kosten, bis Ihr Kind das verinnerlicht hat. Aber diese „Investition" lohnt sich, denn damit hat Ihr Kind eine gute Grundlage für die gesamte Schulzeit.

Doch auch eine Nacherzählung schreiben will gelernt sein, und dabei können Sie Ihrem Kind helfen – nicht erst, wenn es die als Hausaufgabe aufbekommt. Schon, wenn Sie eine Geschichte vorlesen, können Sie miteinander ins Gespräch kommen und es fragen, was denn in der Geschichte geschehen ist, um wen es geht und ob es etwas gibt, was man aus der Geschichte lernen könnte. Die meisten Kinder haben Spaß an solchen Gesprächen, die auf den ersten Blick gar nichts mit Lernen zu tun haben und doch die Grundlage für eine schriftliche Nacherzählung legen.

Merkmale einer Nacherzählung

- Es wird nur wiedergegeben, was im Ursprungstext steht.
- Nur die wichtigen Dinge tauchen in der Nacherzählung auf.
- Die Geschichte darf nicht verändert oder ergänzt werden.
- Die Personalform, in der erzählt wird, wird beibehalten.
- Die Nacherzählung wird in der Vergangenheitsform (Präteritum) geschrieben.
- Es darf wörtliche Rede verwendet werden.
- Die Geschichte muss in eigenen Worten wiedergegeben werden.
- Eine Nacherzählung hat eine Einleitung, in der gesagt wird, wo und wann das Ganze passiert und wer beteiligt ist.
- Im Hauptteil werden die Erzählschritte aus der Geschichte wiedergegeben.
- Der Schluss entspricht sinngemäß dem Ende des Ursprungstextes.

Wenn Ihr Kind eine Nacherzählung verfassen soll, empfiehlt es sich, wenn Sie die Geschichte kopieren und Sie beide die Geschichte lesen und das Wichtigste unterstreichen, markieren oder einkreisen.

Lassen Sie sich im ersten Schritt erzählen, worum es in dem Text geht, und gleichen Sie dann ab, was Sie unterstrichen haben und was Ihr Kind unterstrichen hat. Fragen Sie nach, warum es etwas unterstrichen hat, und erklären Sie, warum Sie etwas unterstrichen haben, wenn Ihre Markierungen voneinander abweichen. Ihr Kind bekommt dadurch einen neuen Blick auf die Geschichte und erkennt die Bedeutung der einzelnen Informationen besser.

Nun kann es auch die Nacherzählung schreiben, die sich in der Struktur nicht von anderen Texten unterscheidet. Es gibt eine Einleitung, einen Hauptteil und einen Schluss, die Inhalte werden aus der Ursprungsgeschichte übernommen. Wichtig ist: Es wird nichts dazugedichtet, in der Nacherzählung steht nur, was schon in der Geschichte steht. Hier tun sich viele Kinder besonders schwer, aber Sie werden sehen, wenn Ihr Kind das Prinzip einmal erkannt hat, wird es ein Fan von Nacherzählungen.

Die Unterschiede zur Inhaltsangabe

Falls Ihr Kind schon in der Grundschule eine Inhaltsangabe schreiben soll, in der ähnlich wie bei einer Nacherzählung der Kern einer Geschichte knapp mit eigenen Worten wiedergegeben wird, sind hier die wichtigsten Unterschiede:

- Eine Inhaltsangabe wird in der Gegenwartsform (Präsens) geschrieben.
- Wörtliche Rede wird in indirekte Rede übertragen.

Einen Text schreiben

Auch in einer Zeit, in der statt eines Briefes eine SMS geschrieben wird, ist es noch wichtig, dass Ihr Kind einen längeren Text schreiben kann. Wer locker zum Stift oder in die Tasten greifen kann, ist klar im Vorteil. Die Grundlagen dafür werden in den ersten Schuljahren gelegt. Hier lernen die Schüler, wie ein Text sinnvoll aufgebaut werden muss und wie sie ihre Worte wählen sollten, damit das Geschriebene interessant wirkt und verständlich ist.

Wann Ihr Kind eigene kleine Texte schreiben darf, hängt davon ab, wie es lesen und schreiben lernt. In den meisten Schulen steht freies Schreiben schon in der ersten Klasse auf dem Stundenplan. Wenn das in der Klasse Ihres Kindes nicht so ist, schaffen Sie doch ein Familientagebuch an, in das immer wieder jemand kleine Geschichten aus dem Alltag schreibt. Das wird Ihr Kind anspornen, selbst einen Beitrag zu leisten.

Zunächst geht es darum, überhaupt zu schreiben und zu lernen, beim Schreiben nachzudenken und seine Gedanken zu sortieren. Das üben Ihre Tochter oder Ihr Sohn am besten, wenn sie kleine Texte schreiben.

Um ihnen den Einstieg zu erleichtern, lassen Sie sie daran teilhaben, wie Sie einen kleinen Text schreiben (es muss ja keine Kurzgeschichte sein, ein Erlebnisbericht reicht aus). Sagen Sie sich die Überschrift vor und schreiben Sie sie anschließend auf. Diktieren Sie sich selbst laut den ersten Satz und schreiben Sie dann weiter. Ihr Kind merkt so, dass Sie irgendwann in einen Schreibfluss geraten.

Kriterien für eine gute Geschichte

In der Grundschule schreibt Ihr Kind vor allem Geschichten und kaum Sachtexte, für die teilweise andere Kriterien gelten. Wichtig für eine Geschichte, die die Schüler in der vierten Klasse schreiben, ist:

- Es gibt eine logische Handlung mit Einleitung, Hauptteil und Schluss.
- Die Figuren werden so beschrieben, dass der Leser sie unterscheiden kann.
- Wenn die Figuren Namen haben, sollten sie sie die ganze Geschichte über behalten.
- Jeder Satz sollte anders anfangen.
- Es sollten aussagekräftige Verben (Tätigkeitswörter) und Adjektive (Eigenschaftswörter) gewählt werden, die zur Botschaft passen (es ist zum Beispiel etwas anderes, ob ein Feuer flackert, brennt oder knistert).
- Die gewählte Zeit sollte eingehalten werden.
- Es sollte wörtliche Rede vorkommen, dabei sollte das Signalwort (also das hinweisende Wort, zum Beispiel: sagt) nur ausnahmsweise vor dem Gesagten stehen. (Nicht immer: Peter sagt: „Aua!", sondern eher: „Aua", ruft Peter.)
- Zeit- und Ortssprünge sollten erklärt werden.

Zum Schreiben gehört leider nicht nur die Technik des Schreibens, sondern auch eine Grundstruktur. Je früher sich Ihr Kind daran gewöhnt, umso besser.

Ein Text sollte eine Einleitung haben, eine Art Vorspann, in dem erklärt wird, wer in dem Text vorkommt und wo er spielt.

Erst auf die Einleitung folgt der Hauptteil, der so gestaltet sein sollte, dass er zu einem Höhepunkt, einer interessanten Wendung und der Lösung eines Problems führt.

Im Schluss wird unterstrichen, wie die Geschichte ausgegangen ist. Manche Kinder schreiben statt des Schlusssatzes gerne „Ende" unter ihre Geschichte, weil ihnen dieser Satz am schwersten fällt. Andere leihen sich bei den Märchen die Formulierung „Und wenn sie nicht gestorben sind, dann leben sie noch heute." Dabei ist wichtig, dass im Schlussteil alle offenen Fragen und Punkte aus der Geschichte geklärt werden. Fragen Sie nach, wenn Ihr Kind nicht alles aufgelöst hat, es soll schließlich lernen, überzeugende Geschichten zu schreiben.

Grafiken lesen

Informationen werden längst nicht mehr nur in Texten aufbereitet. Um sich schnell einen Überblick zu verschaffen, wird vieles heute in Grafiken oder Tabellen dargestellt. Ihr Kind lernt in der Grundschule daher nicht nur, fortlaufende Texte zu lesen, sondern auch Grafiken, die zum Teil in einen Text eingebunden sind und zum Teil für sich stehen, wie der Fahrplan des Stadtbusses.

Das Besondere an dieser Art des Lesens ist, dass ein Schüler nicht von links nach rechts Informationen aufnimmt, sondern komplexere Dinge miteinander in Verbindung bringen muss.

Die meisten Grafiken, mit denen Kinder in der Grundschule zu tun haben, bestehen aus einer senkrechten und einer waagerechten Information. Wie beim Stundenplan, wo in der oberen waagerechten Zeile die Wochentage und in der linken senkrechten Spalte die Stunden aufgelistet sind. Wenn Sie Ihr Kind abends selbst prüfen lassen, welchen Unterricht es am nächsten Tag hat, trainiert es also bereits, Grafiken zu lesen.

Grafikformen

Folgende Grafikformen können Ihrem Kind begegnen:

Tabelle: In der oberen Zeile und der linken Spalte befinden sich die Kerninformationen, die in den Feldern der Tabelle miteinander verbunden werden.

Säulendiagramm: Die Informationen werden in Säulen dargestellt, die Höhe der Säulen hängt von der Höhe der Zahlenwerte ab.

Balkendiagramm: Die Informationen werden in Balken, die in der Regel von links nach rechts verlaufen, dargestellt. Die Zahlenwerte bestimmen, wie weit der Balken nach rechts reicht.

Kreisdiagramm: Das Kreisdiagramm wird auch Tortendiagramm genannt, weil ein Kreis entsprechend dem Zahlenwert in verschieden große „Tortenstücke" aufgeteilt wird.

Grafiken begegnen Ihrem Kind im Alltag überall. Schon die Übersicht der Öffnungszeiten des Schwimmbads ist eine Grafik und der Zugfahrplan für die Reise in den Urlaub ebenso, Sie müssen nur die Augen offen halten. Lassen Sie zunächst Ihren Sohn oder Ihre Tochter die Grafik lesen, zum Beispiel, um zu erfahren, ob das Freibad am gewünschten Tag geöffnet hat oder wann Sie Ihren Urlaubsort erreichen.

Ein Buch lesen und darüber sprechen

Erfreulicherweise ist es inzwischen auch in der Grundschule üblich, dass alle Schüler gleichzeitig das gleiche Buch lesen und nicht nur Ausschnitte oder einzelne Texte. Ziel ist in erster Linie, bei den Kindern die Freude an Büchern zu wecken, allerdings sollen sie auch lernen, ein ganzes Buch zu lesen und sich damit zu beschäftigen. Zu einem Buch gehören neben der Geschichte auch der Titel, ein Inhaltsverzeichnis, vielleicht sogar noch eine Auskunft über den Autor oder über die Entstehung des Buches. All diese Informationen helfen ihnen, den Inhalt des Buches und seinen Sinn zu verstehen.

Die Lektüre eines ganzen Buches ist eine Hausaufgabe, die ein Kind nicht an einem Tag erledigen kann. (Anhand dieses Beispiels lernt es beispielsweise auch, die Erledigung größerer Aufgaben langfristig zu planen, in Teilaufgaben zu zerlegen und immer wieder daran zu denken.) Oft sollen die Kinder ein Lesetagebuch zu der Lektüre ausfüllen. Auch da geht es nicht darum, dieses am Tag vor der Abgabe noch schnell zu erstellen, sondern sich immer wieder Gedanken über das Buch und das Gelesene zu machen.

Lesespaß mit Antolin

Im Internet gibt es die Leseförderungsplattform „Antolin", in der Schüler ihre Leseleistung an der anderer Schüler messen können. Wenn ein Schüler ein Buch gelesen hat, kann er auf der Plattform Fragen zum Buch beantworten und Punkte gewinnen. In einer Rankingliste kann er sich mit anderen Kindern seiner Klasse, seiner Schule oder allen angemeldeten Schülern vergleichen.

Die Teilnahme an Antolin ist allerdings nur möglich, wenn die Schule Ihres Kindes an dem Projekt beteiligt ist. Erkundigen Sie sich bei den Lehrkräften.

Weitere Informationen finden Sie unter www.antolin.de

Natürlich könnten Sie Ihr Kind täglich daran erinnern, dass es noch in dem Buch lesen und am Lesetagebuch arbeiten muss, aber das hilft ihm langfristig wenig. Suchen Sie gemeinsam Wege, sich immer wieder daran zu erinnern. Tragen Sie beispielsweise das Stichwort „Lesetagebuch" für die Dauer der Lektüre in den Stundenplan am Nachmittag ein.

Doch die Lektüre des Buches ist nur der erste Schritt der Aufgabe, wichtig ist, dass Ihr Kind sich mit dem Buch beschäftigt. Sie können es dabei unterstützen, indem Sie schon während des Lesens nachfragen, was im Buch geschehen ist. Erkundigen Sie sich nach einzelnen Personen, was aus ihnen geworden ist, wie sie sich verhalten haben und was Ihr Kind davon hält.

Solche Gespräche beim Mittagessen oder im Auto haben einen doppelten Effekt: Ihr Sohn oder Ihre Tochter beschäftigt sich bereits mit dem Inhalt des Buches und kann diesen später leichter schriftlich oder mündlich wiedergeben. Und er/sie spürt, dass Sie sich für die Lektüre interessieren und dem Buch einen Wert beimessen.

Was Kinder über Bücher denken

„Bücher sind doch nur etwas für Kinder – oder haben Sie schon mal erlebt, dass sich Erwachsene über Bücher unterhalten?"

„Fernsehen ist viel wichtiger als Bücher. Der Fernseher steht im Wohnzimmer, Bücher gibt es bei uns nur im Kinderzimmer."

(Statements von Grundschulkindern auf die Frage: „Was hältst du von Büchern?")

Ganz unrecht haben die Kinder nicht, die hier zitiert werden; in vielen Wohnungen steht der Fernseher im Zentrum und Bücher werden in die Ecke verbannt. Und wenn Sie einmal den Gesprächen in der U-Bahn lauschen, dann sind dort die aktuellen Filme oder die Quizshow vom Vorabend weit häufiger Thema als Bücher. Erzählen Sie also, was Sie gerade lesen und warum Sie das Buch ausgewählt haben. Damit zeigen Sie Ihrem Kind, dass Bücher einen wichtigen Stellenwert in Ihrem Leben haben.

Prinzipien der Wortbildung verstehen

Es heißt zwar immer, Deutsch sei eine schwere Sprache, aber ein Gutes hat es: Die meisten Wörter sind nach einem Baukastenprinzip aufgebaut und wer das einmal begriffen hat, kann fast jedes Wort schreiben. Das ist auch der Grund, warum sich Kinder in der Grundschule mit Wortfamilien und Wortstämmen beschäftigen. Haben sie einmal verstanden, dass sich fast jedes Wort auf einen Wortstamm reduzieren lässt, tun sie sich leicht, auch schwierige Wörter zu schreiben.

Wortbaukasten

Um zu vermitteln, dass das Wortstammprinzip nicht nur eine lästige Hausaufgabe ist, sondern die Zerlegung von Wörtern hilfreich ist und Spaß macht, erstellen Sie mit Ihrem Kind doch einen Wortbaukasten.

Basteln Sie aus Papier Würfel oder besorgen Sie größere Würfel, die Sie bekleben können. Am besten sind solche in verschiedenen Farben, sodass Ihr Kind die Teile, die dem Wortstamm vorangestellt werden, und die, die angehängt werden, auseinanderhalten kann.

Schreiben Sie die Vorsilben und Endungen auf die Würfel. Nun brauchen Sie nur noch Blankowürfel für die Wortstämme und schon können Sie um die Wette Wörter bauen.

Nutzen Sie die Chance, wenn in der Schule das „Wortstammprinzip" eingeführt oder die Bedeutung der „Wortfamilien" erklärt wird, dieses Prinzip mit Ihrem Kind zu üben. Das heißt nun nicht, dass Sie eine Trainingsstunde in Wortkunde veranstalten sollen. Aber vielleicht gewöhnen Sie sich an, in Wartezeiten die langen Wörter auf der Titelseite von Zeitschriften oder Zeitungen zu zerlegen und die Wortstämme aufzuspüren.

Das Grundprinzip ist einfach: Fast alle Wörter bestehen aus einem Wortstamm, zum Beispiel „fahr", und einer Endung (in der Fachsprache: Suffix), zum Beispiel „en", sodass sich das Wort „fahren" ergibt („en" ist übrigens eine der häufigsten Endungen, weil sie sowohl bei der Grundform eines Verbs – sagen, laufen, spülen ... – als auch für die Bildung der Mehrzahl vieler Hauptwörter – Lampen, Blumen,

Kleinigkeit**en** – verwendet wird). Neben der Endung gibt es Silben oder kleine Wörter, die vor den Wortstamm gestellt werden, man nennt sie Präfixe. Das sind zum Beispiel „aus" bei „**aus**fahren" oder „be" bei **be**fahren.

Gängige Vorsilben und Endungen

Vorsilben	kleine Wörter	Endungen
be (be-fahren)	ein (ein-fahren)	e (fahr-e)
ge (ge-fahren)	nach (nach-fahren)	en (fahr-en)
ver (ver-fahren)	vor (vor-fahren)	er (Fahr-er)
	durch (durch-fahren)	el (Kug-el)
	aus (aus-lachen)	t (sag-t)
	mit (mit-fahren)	st (sag-st)
	unter (unter-wandern)	ung (Kreuz-ung)
	er (er-fahren)	ig (geiz-ig)
	ab (ab-fahren)	heit (Krank-heit)
		keit (Heiter-keit)
		isch (laun-isch)
		lich (glück-lich)
		nis (Gleich-nis)

Es gibt natürlich auch Wörter, die aus vielen Bausteinen bestehen, versuchen Sie mit Ihrem Kind das längste Wort zu finden.

Rechtschreibregeln anwenden

Die Rechtschreibung ist sicher eines der weniger geliebten Themen von Eltern und Kindern, vor allem seit der Rechtschreibreform, die nicht zuletzt viele Erwachsene verunsichert hat. Wie gut, dass Ihr Kind die neuen Regeln lernt, da können Sie sie gleich mitlernen und sind auch diesbezüglich auf dem neuesten Stand.

Das Ziel des Rechtschreibunterrichts ist, dass sich Ihr Kind die Schreibweise eines Wortes mithilfe der Regelkenntnis und des Wissens über die Ausnahmen in der weiterführenden Schule selbst erschließen kann. Außerdem sollte es am Ende der Grundschule die wichtigsten Wörter automatisch fehlerfrei schreiben können. Das ist der Grund, warum Schüler immer wieder Lernwörter üben müssen. Leider schließen viele Kinder aus den Lernwörtern, dass sie alle Wörter auswendig können müssen. Da wäre es gut, wenn Sie Ihrem Kind den Sinn der Lernwörter und der Rechtschreibregeln erklären würden.

Rechtschreibregeln helfen dabei, auch neue Wörter richtig zu schreiben. **Lernwörter** sorgen dafür, dass Schüler nicht über jedes Wort nachdenken müssen.

Die ersten Rechtschreibregeln lernt Ihr Kind bereits in der ersten Klasse, die Großschreibung von Hauptwörtern (Nomen) und die Großschreibung am Satzanfang. In der ersten Klasse klappt das meist auch noch gut, weil nur Hauptwörter oder kleine Sätze geschrieben werden und die Texte nicht so komplex sind. Ohnehin haben Kinder meist kein Problem damit, einzelne Wörter regelgerecht zu schreiben. Schwierig wird es, wenn sie die Rechtschreibregeln in einem längeren Text umsetzen sollen. Das erfordert viel Übung und die Kenntnis der Regeln.

Schulkinder können die Rechtschreibregeln noch nicht zwangsläufig umsetzen, wenn sie sie auswendig aufsagen können. Viele beherrschen die Regeln einwandfrei, sie lernen sie wie ein Gedicht auswendig und sind enttäuscht, dass sie dennoch eine schlechte Note im Diktat bekommen. Um die Rechtschreibung wirklich zu beherrschen, reicht es weder aus, ein paar Lückentexte mit den richtigen Wörtern zu füllen, noch ein Diktat gut zu schreiben. Entscheidend ist, dass sie die Regel verstehen und nach und nach automatisch, ohne groß nachzudenken, anwenden können.

Lassen Sie sich von Ihrem Kind erklären, was die Rechtschreibregel bedeutet. Fragen Sie so lange nach und lassen Sie sich Beispiele nennen, bis Sie den Eindruck haben, Ihr Kind hätte die Regel wirklich verstanden.

Diktate üben

Das Problem von Diktaten ist, dass Ihr Kind die Wörter exakt in der Reihenfolge und in der Wortbildung lernt, wie sie im Diktat vorkommen. Das heißt, es kann die Rechtschreibung für genau jenen Text auswendig, aber wenn es im nächsten Text schon „Frösche" statt „Frosch" heißt oder „Hühner" statt „Huhn", schreibt es die Wörter unter Umständen dennoch falsch.

Üben Sie Diktate daher nicht, indem Sie Ihr Kind mehrfach den gleichen Text schreiben lassen, sondern lassen Sie es vor allem die schwierigen Wörter üben. Besonders bewährt hat sich folgende Vorgehensweise, die auf den langfristigen Lernerfolg ausgerichtet ist:

1. Ihr Kind liest den Text einmal selbst und markiert die Wörter, die ihm schwierig vorkommen. So hat es das Wortbild schon einmal richtig aufgenommen.
2. Diktieren Sie Ihrem Kind den Text einmal.
3. Gleichen Sie gemeinsam ab, was falsch und was richtig geschrieben wurde.
4. Schreiben Sie die falsch geschriebenen Wörter auf Karteikärtchen.
5. Üben Sie diese Wörter immer wieder auch mit verschiedenen Endungen.
6. Diktieren Sie ganz zum Schluss den vollständigen Text noch einmal.
7. Gleichen Sie die letzte Fassung mit der ersten ab, damit Ihr Kind selbst erkennt, dass es deutlich weniger Fehler macht und merkt, welche Wörter es noch besonders üben muss.

In welcher Reihenfolge Ihr Kind die Rechtschreibregeln lernt, ist von Lehrer zu Lehrer unterschiedlich, auch, wie die Regeln gelernt werden. Bitten Sie die Lehrkraft, im Rahmen eines Elternabends zu erläutern, welche Regeln Ihr Kind wann beherrschen sollte und wie Sie es unterstützen können. Das ist auch deswegen wichtig, weil Sie sonst womöglich auf Fehler zu Regeln aufmerksam machen, die es noch gar nicht kennt.

Größere Rechtschreibprobleme

Manche Kinder haben große Schwierigkeiten, die Rechtschreibung zu erlernen. Sie benötigen oft eine besondere Hilfe durch einen Lerntherapeuten.

Falls die Lehrer Ihres Kindes oder Sie den Verdacht haben, Ihr Kind hätte eine Lese-Rechtschreib-Schwäche (auch: Legasthenie), sollten Sie unbedingt einen Test durchführen lassen. Erkundigen Sie sich am besten in der Schule oder beim Schulpsychologen danach, wer den Test durchführen sollte. Folgende Verhaltensweisen könnten Hinweise auf eine Rechtschreibschwäche sein:

- Ihr Kind hat sich schon immer schwergetan, Reime zu bilden, rhythmisch zu gehen oder zu klatschen und Silben zu erkennen.
- Ihr Kind kann auch nach der ersten Klasse Laute und Buchstaben nicht zuordnen und erkennt selbst die Laute am Anfang oder Ende eines Wortes nicht.
- Ihr Kind hält auch nach der zweiten Klasse noch keine Wortgrenzen ein. Es schreibt beispielsweise: „Diekatzeissthonig" und lässt dabei die Leerstellen weg.
- Ihr Kind schreibt nach der zweiten Klasse lautgetreue Wörter noch öfter falsch als richtig.
- Ihr Kind versteht einfache Rechtschreibregeln nicht, zum Beispiel, dass der Laut „scht" am Anfang eines Wortes „st" geschrieben wird.
- Ihr Kind hat keine Lust am Schreiben, auch nicht außerhalb der Schule bei Schreibspielen.
- Ihr Kind reagiert widerwillig bei allem, was mit Buchstaben zu tun hat.

Folgende Prinzipien der Rechtschreibung sollte Ihr Kind in der Grundschule lernen:

- Groß- und Kleinschreibung von Nomen und anderen Wörtern
- Großschreibung am Satzanfang
- Mitlautverdopplung nach kurzem Selbstlaut inkl. tz und ck
- Ableitung bei unklarem Endlaut wie d-t, g-k, b-p
- Ableitung von Wörtern mit ä
- Schreibweisen des s-Lautes (s oder ß)
- Wörter mit Dehnungslauten wie ie, stimmlose h (Dehnungs-h) und Vokalverdopplung (ee, oo, aa)
- Schreibweise von nicht ableitbaren Wörtern mit v, x und chs
- Wortstammprinzip
- Schreibweise gängiger Fremdwörter
- Sonderschreibweisen wie qu, th und ph

Die Satzzeichen richtig einsetzen

Schon in der ersten Klasse lernen Schüler das erste Satzzeichen kennen: den Punkt, der am Ende eines Satzes steht. Dennoch denken Sie in ihren ersten kleinen Texten kaum daran, sondern schreiben ihre Geschichte ohne Punkt und Komma hintereinander weg.

Sie können Ihrem Kind helfen, den Sinn der Satzzeichen herauszufinden, indem Sie ihm seinen eigenen Text vorlesen und dabei darauf achten, dass Ihre Stimme immer oben bleibt und keine Pause macht. Das klingt schwierig, doch probieren Sie es ruhig einmal an einem Text aus. Sobald in einem Text ein Satzzeichen vorkommt, gehen Sie mit Ihrer Stimme nach unten: „Die Kuh frisst viel Gras." Bei einem Satz wie „Ich habe eine Kuh gesehen die hat viel Gras gefressen und mich dabei angesehen" bleibt Ihre Stimme immer oben, weil Sie nicht wissen, wo Sie die Pausen machen müssen.

Testen Sie diese Vorgehensweise mit der Geschichte Ihres Kindes. Sie werden beide viel Spaß daran haben und Ihr Kind versteht, warum es wichtig ist, den Satz mit Satzzeichen aufzuteilen. Satzzeichen haben nämlich die Aufgabe, einem das Lesen zu erleichtern. Wenn Ihr Kind das verstanden hat, wird es von alleine mehr darauf achten, Satzzeichen zu verwenden.

Die gängigen Satzzeichen

Ihr Kind wird in der Grundschule vor allem folgende Satzzeichen lernen:

Punkt: am Ende eines ganz normalen Satzes, wie „Das Baby schläft."
Fragezeichen: am Ende einer Frage, wie „Wie alt bist du?"
Ausrufezeichen: am Ende eines Ausrufs, wie „Vorsicht!"
Komma: vor allem bei Aufzählungen, eventuell auch bei kleinen Nebensätzen
Doppelpunkt: vor allem bei wörtlicher Rede
Anführungszeichen (auch Gänsefüßchen): bei wörtlicher Rede (Wichtig: Erklären Sie Ihrem Kind, dass die Anführungszeichen immer direkt beim gesprochenen Wort stehen und nicht, weil noch Platz ist, einsam am Ende einer Zeile.)

Auch für die Satzzeichen gibt es bestimmte Standards, die jedoch bis auf die oben beschriebenen Regeln, erst in der weiterführenden Schule thematisiert werden. In der Grundschule ist wichtig, dass Ihr Kind die Bedeutung der Satzzeichen versteht und die obigen Beispiele am Ende der vierten Klasse sicher setzen kann. Sie können das Gefühl Ihres Kindes für Interpunktionszeichen verstärken, indem Sie diese beim gemeinsamen Lesen immer mal wieder hervorheben und ihm somit helfen, eigene Texte mit Satzzeichen zu strukturieren.

Wortarten auseinanderhalten

Spätestens bei der Groß- und Kleinschreibung wird Ihr Kind damit konfrontiert, dass es verschiedene Wortarten gibt. Zwar kann es sie schon vorher beim Sprechen souverän anwenden, doch wenn es sie dann auseinanderhalten soll, benötigt es anfangs Hilfe.

1. Nomen

Als Erstes lernt Ihr Kind Nomen kennen, die auch Namenwörter, Hauptwörter oder Substantive genannt werden. Wichtig ist, dass Ihr Kind begreift, was Nomen sind: Sie sind nichts anderes als Namen für Personen (Mann, Frau, Ärztin, Mama), Gegenstände (Tisch, Stift, Flasche), Tiere (Hund, Pony, Schildkröte), Räume (Zimmer, Land, Haus) oder Gefühle (Liebe, Trauer, Dankbarkeit).

Je nach Didaktik lernt Ihr Kind, dass es Nomen daran erkennen kann, dass ein Begleiter (Artikel) davor steht. Das führt beim Schreiben oft dazu, dass das Eigenschaftswort (Adjektiv) großgeschrieben wird, zum Beispiel „das Grüne schaf", weil vor „Grüne" doch der Artikel „das" steht. Hat Ihr Kind verstanden, was ein Nomen ist, passiert dieser Fehler deutlich seltener.

Einer anderen Erklärung zufolge sind Nomen alles das, was man anfassen und haben kann: Einen Hund kann man beispielsweise anfassen, aber auch haben, während man Glück zwar nicht anfassen, aber doch haben kann. Diese Eselsbrücke hilft Ihrem Kind unter Umständen ergänzend zu der Regel mit den zugehörigen Artikeln, Nomen von anderen Wortarten zu unterscheiden.

Ihr Kind muss jedoch nicht nur lernen, Nomen zu erkennen, sondern auch, diese je nach Stellung im Satz zu verwandeln, also in die vier Fälle zu setzen. Der Fachbegriff heißt „deklinieren".

Ein Tipp: Kinder lernen die Fälle nicht erst im Unterricht, sondern vor allem dadurch, dass sie sie hören. Je häufiger Ihr Kind hört, wie Sie die Fälle richtig nutzen, umso besser kann es sie selbst anwenden und es fällt ihm in der Schule leichter, sie zu lernen.

Die vier Fälle

Nominativ: 1. Fall, Antwort auf die Frage: *Wer oder was?*
Genitiv: 2. Fall, Antwort auf die Frage: *Wessen?*
Dativ: 3. Fall, Antwort auf die Frage: *Wem?*
Akkusativ: 4. Fall, Antwort auf die Frage: *Wen oder was?*

Beispiel:

Das Mädchen gibt die Katze des Onkels dem Vater.
Wer gibt die Katze dem Vater? *Das Mädchen.* (Nominativ)
Wessen Katze gibt das Mädchen dem Vater? *(Die) des Onkels.* (Genitiv)
Wem gibt das Mädchen die Katze? *Dem Vater.* (Dativ)
Wen oder was gibt das Mädchen dem Vater? *Die Katze.* (Akkusativ)

---

2. Verben

Ohne Verben kann Ihr Kind keinen vollständigen Satz bilden, deshalb lernt es Verben, die auch Tuwörter, Tunwörter, Tätigkeitswörter oder Zeitwörter genannt werden, als Nächstes kennen. Da Verben immer kleingeschrieben werden, gibt es bei der Groß- und Kleinschreibung vermutlich kein Problem.

Kniffliger ist, die Verben für verschiedene Personen zu nutzen und in verschiedene Zeiten zu setzen, „konjugieren" heißt das in der Fachsprache. Auch das kann Ihr Kind, wenn es sich mit Ihnen unterhält, aber es ist eben etwas anderes, ob es ein Wort spricht oder schreibt.

Als Erstes lernt Ihr Kind ein Verb in der Gegenwartsform zu nutzen, und zwar in den verschiedenen Personalformen:

1. Person	2. Person	3. Person
ich lache	du lachst	er/sie/es lacht
wir lachen	ihr lacht	sie lachen

Sobald Ihr Kind diese Formen in der Schule durchnimmt, sollten Sie mit ihm gemeinsam ausfindig machen, welche Endungen für welche Person wichtig sind. Wenn es das einmal weiß, fällt es ihm deutlich leichter, die Verben in anderen Zeiten zu konjugieren, denn da sind die Endungen ähnlich:

1. Person	2. Person	3. Person
ich lachte	du lachtest	er/sie/es lachte
wir lachten	ihr lachtet	sie lachten

Zeitformen
- Präsens (Gegenwart: ich lache)
- Präteritum (Imperfekt, 1. Vergangenheit: ich lachte)
- Perfekt (2. Vergangenheit: ich habe gelacht)
- Plusquamperfekt (ich hatte gelacht)
- Futur I (Zukunft: ich werde lachen)
- Futur II (Vergangene Zukunft: ich werde gelacht haben)

Ein besonderes Augenmerk sollten Sie auf die „unregelmäßigen" Verben legen. Das sind Verben, in deren Formen sich der Wortstamm ändert, zum Beispiel: beginnen
ich beginne, ich begann, ich habe begonnen

Selbst Kinder, deren Muttersprache Deutsch ist, machen dabei häufig Fehler.

In der Fachsprache heißen die unregelmäßigen Verben im Deutschen „starke Verben" im Vergleich zu den „schwachen", regelmäßig gebildeten Verben.

Tipp: Lassen Sie Ihr Kind das Verb auf ein Karteikärtchen schreiben, sobald es eine Form falsch bildet, damit es die richtigen Formen lernt. Sie werden in der weiterführenden Schule in der Regel vorausgesetzt.

Linktipp

Falls Sie selbst unsicher sind, wie die Formen eines Verbs gebildet werden, finden Sie die Formen im Internet unter: http://conjd.cactus2000.de

---

3. Adjektive

Schließlich lernt Ihr Kind Adjektive kennen, mit denen es Dinge und Tätigkeiten genauer beschreiben kann, je nach Schulbuch werden Adjektive auch als Wiewörter oder Eigenschaftswörter bezeichnet.

Wichtig ist, dass Adjektive so verändert werden wie die Nomen, zu denen sie gehören. So heißt es eben „das grüne Fahrrad" und nicht „das grün Fahrrad", auch wenn die Grundform „grün" heißt.

Hier machen Kinder erstaunlich wenig Fehler. Sie geraten dann eher wieder durcheinander, wenn es um die Steigerung geht, vor allem bei Adjektiven, die durch Anhängen einer Endung gebildet wurden, wie glücklich, geizig.

Steigerungsformen
1. Stufe (auch Grundstufe oder Positiv): klein, glücklich
2. Stufe (auch Mehrstufe, Höherstufe oder Komparativ): kleiner, glücklicher
3. Stufe (auch Höchststufe, Meiststufe oder Superlativ): am kleinsten, am glücklichsten

4. Sonstige Wörter

Neben den drei grundlegenden Wortarten gibt es Wörter, die nötig sind, um einen Satz sinnvoll aufzubauen. Diese werden größtenteils erst in der weiterführenden Schule thematisiert, aber dennoch in der Grundschule angewandt. Wichtig ist, dass Sie darauf achten, dass Ihr Kind sie im richtigen Zusammenhang nutzt und vor allem die Präpositionen zusammen mit dem richtigen Fall.

Sonstige Wortarten (Beispiele)

Artikel (Begleiter): der, die, das (als bestimmte Artikel); ein, eine (als unbestimmte Artikel); des, dem, der (die fallbezogenen Artikel)

Konjunktionen (Bindewörter): und, oder, auch, weil, denn, aber

Präpositionen (Verhältniswörter): über, neben, zwischen, an, im, in, am

Pronomen (Fürwörter): ich, du, er, sie, es, wir, ihr, sie, mein, dein, sein, mich, dich, sich, unser, euer

Adverbien (Umstandswörter): heute, gestern, bald, rückwärts

Fragewörter: wo? was? wie? wann? wer? warum?

Numerale (Zahlwörter): ein, zwei, drei, alles, viel, nichts, einfach, zweifach

Die Regeln für diese Wortarten lernt Ihr Kind erst in der weiterführenden Schule, allerdings wendet es die Wörter schon in der Grundschule an, daher sollten Sie darauf achten, dass es sie richtig einsetzt und den richtigen Fall benutzt. Zum Beispiel bei den Präpositionen „Ich bin im Haus" und nicht „Ich bin in Haus" (richtig wäre auch „Ich bin in dem Haus").

Den Aufbau eines Satzes verstehen

Ihr Kind kann schon bei der Einschulung vollständige Sätze sprechen, in der Schule lernt es dann, wie es diese Sätze bewusst gestalten und aufbauen kann und welche Regeln es für einen Satz gibt.

Spätestens, wenn Ihr Kind Sie fragt, wo in einem Satz das Subjekt und wo das Prädikat ist, wissen Sie, dass nun das Thema „Satzbau" im Unterricht behandelt wird. Meist sollen die Kinder in einem Satz die Satzglieder bestimmen. Hier können Sie Ihrem Kind helfen, indem Sie ihm erklären, wie es durch die Umstellprobe zunächst die Satzglieder, also die Wörter, die zusammengehören, ermitteln kann. Wörter, die zu einem Satzglied gehören, bleiben bei der Umstellung des Satzes zusammen:

Tante Lisa	fährt	**ein grünes Motorrad**.
Ein grünes Motorrad	fährt	*Tante Lisa*.

Nun ist klar, dass **„ein grünes Motorrad"** ein Satzglied ist. Jedes Satzglied kann aus mehreren Teilen bestehen.

Etwas kniffelig wird es, wenn das Prädikat aus zwei Teilen besteht:

Onkel Otto	*kauft*	**Rosen**	*ein*.
Rosen	*kauft*	Onkel Otto	*ein*.

Sie sehen schon, die Teile des Prädikates bleiben an ihren Plätzen und es werden nur die Nomen vertauscht.

Welches Satzglied Subjekt, Prädikat oder Objekt ist, lässt sich mithilfe von Fragen ermitteln.

Subjekt (Satzgegenstand): *Wer oder Was* tut etwas in dem Satz?
(Schon an der Frage erkennen Sie, dass das Subjekt immer im Nominativ – also im 1. Fall – steht. Das erleichtert Ihnen in verschachtelten Sätzen, das Subjekt zu finden.)
Prädikat (Satzkern oder Satzaussage): *Was* tut derjenige in dem Satz?
(Die Frage zeigt bereits, dass ein Prädikat in jedem Fall ein Verb ist.)
Objekt (Satzergänzung): *Wem* tut das Subjekt etwas? (Dativobjekt) oder *Wen verwendet* das Subjekt? (Akkusativobjekt)
(Die Fragen und Bezeichnungen weisen darauf hin, dass es sich beim Objekt um Nomen handelt.)

Subjekt und Objekt können durch **Pronomen** (ich, er, dieser etc.) ersetzt werden.

Beispielsatz

Oma <u>kocht</u> **einen Kaffee.**
Einen Kaffee <u>kocht</u> *Oma.*

Prädikat: Was tut Oma? (Sie) <u>kocht</u>
Subjekt: Wer kocht? *Oma*
Objekt: Wen oder was kocht Oma? **Einen Kaffee** (Akkusativobjekt)

Tut sich Ihr Kind schwer damit, die Satzglieder zu bestimmen, helfen Sie ihm, indem Sie gemeinsam zunächst das Verb (also das Prädikat) suchen und davon ausgehend wie im Beispiel die Fragen stellen.

Diese Grundprinzipien bleiben auch erhalten, wenn Ihr Kind längere und verschachtelte Sätze schreibt bzw. die Satzglieder darin bestimmen muss. Das ist meist erst in der weiterführenden Schule gefragt, mitunter aber auch schon in der vierten Klasse. In dem Fall ist es wichtig, dass Ihr Kind versteht, dass ein langer Satz mit vielen Kommas aus vielen kurzen Sätzen zusammengefügt wurde (daher die Bezeichnung: Satzgefüge) und es einen Teilsatz nach dem anderen bearbeiten sollte.

Johanna <u>isst</u> *den Pudding, den ihr* **ihre Oma** <u>gekocht hat</u>.
Den Pudding, den ihr **ihre Oma** <u>gekocht hat</u>, <u>isst</u> **Johanna**.

An einem solchen Beispiel können Sie Ihrem Kind erklären, dass es einen äußeren und einen inneren Satz gibt und es in Ruhe zunächst die Satzglieder im äußeren und dann im inneren Satz bestimmen kann.

Subjekt: Johanna + ihre Oma
Prädikat: isst + gekocht hat
Objekt: Pudding + ihr + den

Die nächste Stufe des Satzbaus in der Grundschule sind die **adverbialen Bestimmungen**, das sind die Erklärungen dazu, wo, wann und wie etwas geschieht.

Beispielsatz

Am Samstag gehe ich **mit meiner Freundin** *alleine auf den Rummelplatz.*

adverbiale Bestimmung der Zeit: Am Samstag
Prädikat: gehe
Subjekt: ich
Dativobjekt: **mit meiner Freundin**
adverbiale Bestimmung: *alleine*
adverbiale Bestimmung des Ortes: *auf den Rummelplatz*

Auch bei der Ermittlung der adverbialen Bestimmungen helfen Fragen, die richtige Form herauszufinden:
Adverbiale Bestimmung der Zeit: *Wann? Seit wann? Wie lange?*
Adverbiale Bestimmung des Ortes: *Wo? Wohin? Woher?*
Adverbiale Bestimmung der Art und Weise: *Wie?*

Spieltipp: Satzglieder-Kartenspiel

Basteln Sie mit Ihrem Kind ein Kartenspiel, auf dem Satzglieder stehen. Denken Sie sich zunächst sechs möglichst lange verrückte Sätze aus. Suchen Sie die Satzglieder heraus und schreiben Sie alle einzeln auf Kärtchen (gut geeignet: Blanko-Karteikarten in DIN A7). Gestalten Sie noch zwei Joker dazu. Nun kann das Spiel beginnen.

Jeder Spieler darf sechs Karten ziehen, eine Karte wird in die Mitte gelegt. Ziel ist natürlich, als Erster einen vollständigen Satz mit allen Karten abzulegen. In jeder Runde darf jeder Spieler entscheiden, ob er die Karte aus der Mitte gegen eine eigene Karte austauscht oder eine Karte vom Stapel zieht. Am Ende des Spielzugs muss immer eine Karte auf dem Stapel abgelegt werden. Ein Joker ersetzt ein Satzglied. Auf diese Weise gewinnt Ihr Kind ein Gefühl für die Satzglieder und Sie haben viel Spaß miteinander.

Wörtliche Rede verwenden

Zu Geschichten gehört einfach dazu, dass die Figuren etwas sagen, oder? Kinder sehen das auch so, deswegen lassen sie ihre Figuren auch schon in ihren allerersten Geschichten sprechen. Allerdings verwenden sie noch keine wörtliche Rede, das erwartet niemand von ihnen. Aber in der zweiten, manchmal erst in der dritten oder sogar vierten Klasse wird das Thema in der Schule aufgegriffen.

Ihr Kind lernt, dass alles, was Figuren in einer Geschichte sagen, in Anführungszeichen (manchmal wird auch von Gänsefüßchen gesprochen) geschrieben werden muss. Doch Theorie und Praxis weichen häufig sehr voneinander ab, das gilt auch für die wörtliche Rede. Zwar verstehen Kinder schnell, was sie tun sollen (zwei Strichelchen unten und zwei Strichelchen oben machen). Die erste Hürde jedoch ist oft schon die Platzierung der beiden Strichelchen. Viele Kinder quetschen sie noch ans Ende einer Zeile, obwohl das, was gesprochen wird, erst in der nächsten Zeile beginnt. Falls Ihr Kind zu diesen „Platzsparern" gehört, sollten Sie ihm geduldig erklären, dass die Anführungszeichen nicht zum Doppelpunkt, sondern zum gesprochenen Text gehören.

Der Doppelpunkt ist das nächste Problem. Um Kindern das Prinzip der wörtlichen Rede zu erklären, lernen sie am Anfang meist, dass eine wörtliche Rede nach einem Signalwort und einem Doppelpunkt kommt. Bei manchen Kindern führt das dazu, dass ihre Aufsätze nur noch aus Minisätzen, Doppelpunkten und wörtlicher Rede bestehen. Regen Sie Ihr Kind an, das Signalwort hinter die wörtliche Rede zu setzen. Zeigen Sie ihm, wie es der Autor seines Lieblingsbuches handhabt – das zieht bestimmt und schärft zugleich seine Aufmerksamkeit für die wörtliche Rede im Buch.

Wörtliche Rede

Wörtliche Rede (auch direkte Rede) wird in einer Geschichte in Anführungszeichen geschrieben. Am Beginn der Rede stehen die Zeichen unten und am Ende oben. Zu einer wörtlichen Rede gehört ein Signalwort, nämlich ein Wort, das signalisiert, dass gesprochen wird.

Zum Beispiel: sagen, flüstern, murmeln, rufen, schreien.

Wörtliche Rede nach Signalwort und Doppelpunkt: Der Anfang der wörtlichen Rede wird immer großgeschrieben und endet mit einem Satzzeichen vor den Anführungszeichen am Ende.

Luis ruft: „Haltet den Dieb!"

Wörtliche Rede als Nebensatz, das Signalwort folgt auf die wörtliche Rede: Der Anfang wird großgeschrieben, am Ende der wörtlichen Rede steht nur ein Satzzeichen, wenn es ein Fragezeichen oder Ausrufzeichen ist, dann folgen die Anführungszeichen oben und ein Komma vor dem Signalwort.

„Das habe ich mir doch gedacht", schimpft Lena.

Kniffelig wird es bei der Formulierung der wörtlichen Rede. Denn natürlich kann Lena nicht sagen: „Das hat sie sich doch gedacht", wenn sie sich selbst meint. Ihr Kind muss in der Geschichte also die Personalform wechseln. Während es die Geschichte über Lena oder sonst eine Figur schreibt und von „sie" oder „er" spricht, muss es in der wörtlichen Rede zum „ich" übergehen. Das verlangt ein bisschen Übung, daher sollten Sie Ihrem Kind über die Schulter schauen, wenn es sich in der Hausaufgabe mit diesem Thema beschäftigt. Erkundigen Sie sich, wer was in der Geschichte spricht. Damit machen Sie Ihr Kind auf die wörtliche Rede aufmerksam und es wird die meisten Fehler selbst finden. Funktioniert das nicht sofort, lassen Sie es die Geschichte laut vorlesen, dann klappt es bestimmt.

Abkürzungen und Fremdwörter verstehen

Ihr Kind liest vermutlich nicht nur Texte in Schulbüchern, sondern auch Geschichten und Texte in Zeitschriften, in der Zeitung oder in Büchern, die nicht speziell für Grundschüler geschrieben wurden. Dort begegnen ihm Abkürzungen und Fremdwörter, die es zwar bereits gehört, aber noch nicht gelesen hat. Selbst in Erstlesebüchern kommt es vor, dass Abkürzungen und Fremdwörter benutzt werden, die Ihr Kind kennen sollte. Keine Angst, damit sind keine Fremdwörter gemeint, die Sie selbst kaum verstehen. In unserer Sprache gibt es viele Fremdwörter, die auf den ersten Blick nicht als solche zu erkennen sind, weil wir sie in unsere Sprache eingebunden haben.

Fremdwörter, die Ihr Kind* kennen und können sollte

Wörter aus dem Englischen: Camping, Tour, Computer, Show, Scanner, surfen, E-Mail, Interview, Clip, Jury, Baby, Fan, Chat

Wörter aus dem Französischen: Restaurant, Chef, Etage, Cousine, Creme, Ingenieur, Garage

Wörter mit der Endung „ion": Stadion, Station, Nation, Sensation, Operation

Wörter mit der Endung „ik": Mathematik, Physik, Musik

Wörter mit der Endung „iv": Detektiv, negativ, positiv

Wörter mit der Endung „ine": Maschine, Kantine, Rosine, Lawine, Praline, Terrine

Wörter mit der Endung „gie": Energie, Allergie

* am Ende der Grundschulzeit

Mit den Abkürzungen ist es ähnlich. Wir verwenden mit größter Selbstverständlichkeit „usw." und „z. B." und denken nicht darüber nach, dass Kinder auch diese Abkürzungen erst lernen müssen. Aus diesem Grund stehen sowohl einfache Fremdwörter als auch Abkürzungen in der Grundschule auf dem Lehrplan, allerdings meist erst in der vierten Klasse, weil zum Teil Grundkenntnisse in der Rechtschreibung vorhanden sein sollten.

Gängige Abkürzungen

z.B. = zum Beispiel
usw. = und so weiter
u.Ä. = und Ähnliches
u.a. = und andere
etc. (et cetera) = und so weiter
Hbf. = Hauptbahnhof
Tel. = Telefon
Str. = Straße
Pl. = Platz
Nr. = Nummer
PLZ = Postleitzahl

Am besten lernt Ihr Kind die Fremdwörter und Abkürzungen wie Merkwörter, indem es sie auf Karteikärtchen schreibt und immer wieder übt. Der nächste Schritt ist, die Wörter und Abkürzungen auch anzuwenden – die Fremdwörter in einem Gespräch, die Abkürzungen in kurzen Texten. Dadurch wiederholt Ihr Kind die Begriffe, und wenn es ein Erfolgserlebnis damit hat, werden sie besonders gut abgespeichert. Denn alles, was Ihr Kind mit Spaß und Freude lernt, bleibt doppelt so gut haften.

Grammatische Fachbegriffe kennen

Irgendwie lebt Ihr Kind in der Grundschule noch in einem Schonraum, oder? Da ist von Einzahl und Mehrzahl die Rede und von Selbstlaut und Mitlaut, während spätestens ab der fünften Klasse in fast allen Schulen nur noch die Fachbegriffe benutzt werden. Sie tun Ihrem Kind also einen großen Gefallen, wenn Sie in Gesprächen mit ihm die Fachbegriffe benutzen, sobald sie in der Schule eingeführt wurden, aber bitte erst, wenn diese Fachbegriffe auch im Schulbuch vorkommen, sonst bringen Sie Ihr Kind durcheinander.

Fachbegriffe aus dem Deutschunterricht

Vokal = Selbstlaut
Konsonant = Mitlaut
Singular = Einzahl
Plural = Mehrzahl
Nomen = Namenwort, Hauptwort
Substantiv = Namenwort, Hauptwort
Artikel = Begleiter
Pronomen = Fürwort
Adjektiv = Wiewort, Eigenschaftswort
Komparativ = Vergleichstufe, Mehrstufe
Superlativ = Höchststufe, Meiststufe
Verb = Tu(n)wort, Tätigkeitswort, Zeitwort
Präsens = Gegenwart
Präteritum = Imperfekt = 1. Vergangenheit
Perfekt = 2. Vergangenheit
Plusquamperfekt = vollendete Vergangenheit, Vorvergangenheit
Futur = Zukunft
Imperativ = Befehlsform
Infinitiv = Grundform eines Verbs
Präposition = Verhältniswort
Konjunktion = Bindewort
Subjekt = Satzgegenstand
Prädikat = Satzkern, Satzaussage
Objekt = Satzergänzung

Besucht Ihr Kind eine Klasse, in der bis zur zweiten Hälfte der vierten Klasse die Fachbegriffe nicht vermittelt werden, ist es ratsam, wenn Sie sie nach und nach mit Ihrem Kind lernen. Das erspart Ihnen und ihm nach dem Übergang Enttäuschungen und auch Missverständnisse, wenn es beispielsweise nicht versteht, was die neue Lehrkraft von ihm will, wenn es zum Beispiel Präsens verwenden soll.

Falls Sie nur kurz Zeit haben, diese Begriffe zu üben, zum Beispiel in den Sommerferien vor dem Übergang, lassen Sie Ihr Kind Kärtchen schreiben und üben Sie die Begriffe wie Merkwörter. Oder schreiben Sie je zwei Karten und lassen Sie die Rückseiten frei. So können Sie mit den Begriffskarten Memory spielen, auch dabei kann Ihr Kind wunderbar die Begriffe üben, ohne dass es das Training als Belastung empfindet.

Mathematik

Die Mathematik ist die Wissenschaft der Ordnung und Systeme. In diesem Fach lernt Ihr Kind, wie das Zahlensystem aufgebaut ist und wie es mit Zahlen umgehen kann und muss. Das wird ihm nicht nur an abstrakten Zahlen vermittelt, sondern auch an Größen, wie sie im Alltag vorkommen. Daraus ergeben sich zwangsläufig Textaufgaben als Rechengeschichten, die Situationen aus dem Leben beschreiben. Diese müssen in Rechenaufgaben übertragen werden. Daneben wird Ihr Kind mit der Geometrie bekannt gemacht, es lernt die geometrischen Grundlagen kennen und selbst geometrische Figuren zu zeichnen.

Die Themen dieses Kapitels entsprechen den wesentlichen Bereichen aus den Bildungsstandards für die Mathematik.

Sich im Raum orientieren

Sie fragen sich, warum es für das Fach Mathematik wichtig ist, dass Ihr Kind sich im Raum orientieren kann? Denken Sie an den Zahlenstrahl: Da muss Ihr Kind verstehen, dass es bei Plusaufgaben in die eine Richtung denken oder zeigen muss und bei Minusaufgaben in die andere Richtung. Kindern, denen das Gefühl für die Orientierung fehlt, tun sich hierbei häufig schwer.

Noch offensichtlicher wird es, wenn Sie an das Hunderterfeld denken. Hier wird das Prinzip des Dezimalsystems besonders deutlich, aber nur jenen, die es auch durchschauen.

Hunderterfeld

1	2	3	4	5	6	7	8	9	10
11	12	13	14	15	16				
21		23		25					
31			34	35					
41				45					
51				55	56				
61				65		67			
71				75			78		
81				85				89	
91				95					100

Die Fähigkeit, sich im Raum zu orientieren, entwickelt Ihr Kind schon lange, bevor es eingeschult wird, indem es sich im Raum bewegt, indem Sie ihm erklären, dass es vorwärts und rückwärts geht, indem Sie es bitten, die Gläser ganz rechts in den Schrank zu stellen oder die Löffel links von den Messern in die Schublade zu legen.

In der Grundschule sollte Ihr Kind diese Fähigkeit vertiefen, es sollte sicher mit Begriffen wie links und rechts, über und unter, vor und nach umgehen können, um Mathematikaufgaben verstehen und lösen zu können. Nutzen Sie daher im Alltag wo immer möglich solche Begriffe, damit sie Ihrem Kind geläufig sind und es die Bedeutung automatisch erkennt und umsetzen kann.

Raumorientierung übt Ihr Kind übrigens auch bei Spaziergängen in der Stadt oder in der Natur. Hier gewöhnt es sich daran, sich bestimmte Punkte als Wegemarken zu merken und sich auf dem Rückweg daran zu orientieren. Letztlich ist die Orientierung im Zahlenraum nichts anderes, als dass Ihr Kind sich bestimmte Punkte merken muss, von denen aus es weiterrechnet.

Mein Ding liegt rechts oben

Sie können die Orientierung Ihres Kindes mit einem netten Spiel fördern: Nehmen Sie beliebige Bildkarten, zum Beispiel je eine der Karten jedes Paares aus dem Memory-Spiel, und legen Sie sie offen auf den Tisch – etwa fünf Karten untereinander und nebeneinander. Reihum sucht sich jeder Spieler ein Bild aus und beschreibt seine Lage, zum Beispiel „Mein Ding liegt oben rechts neben der Maus." Wer das „Ding" als Erster nennen konnte, bekommt ein Gummibärchen oder einen Punkt und am Ende wird zusammengezählt.

Muster erkennen und fortsetzen

Mathematik wird manchmal auch als die Wissenschaft der Muster bezeichnet, was nicht jedem auf den ersten Blick einleuchtet. Aber schauen Sie sich einmal diese Zahlenfolge an:

2   4   6   8   10   12   14   16

Sie erkennen sofort das Grundprinzip, das Muster also, und könnten die Reihe beliebig weit fortsetzen. Sie haben sicher auch das Muster in der obigen Hundertertafel gleich erkannt. Ihr Kind muss dieses Prinzip erst lernen. Es hilft ihm nicht nur, sich in der Mathematik zurechtzufinden, sondern auch im Alltag. Denn auch dort läuft vieles nach einem bestimmten Schema ab, dem Kalender beispielsweise.

In der Kita hat Ihr Kind vermutlich gelernt, einfache Muster mit Farben oder Symbolen zu erkennen und diese fortzuführen. Diese Fähigkeit vertieft es in der Grundschule, damit es darauf zurückgreifen kann, wenn die Aufgaben und Muster schwieriger werden. Vor allem überträgt es das Prinzip auf Zahlen und den Zahlenraum.

Das Wichtige bei Mustern ist, dass die Gemeinsamkeiten und Unterschiede erkannt werden. Das heißt auch, dass unter Umständen ein Merkmal außer Acht gelassen wird. Es ist nämlich etwas anderes, ob Ihr Kind in einem Spiel alle „runden, roten Plättchen" heraussuchen soll oder alle roten und alle runden Plättchen. Im ersten Fall muss es auf zwei Merkmale achten, nämlich auf Rot und rund, während es im zweiten Fall auch die roten eckigen oder gelben runden Plättchen auswählen soll.

Aufräumen und Abtrocknen fördert Ihr Kind

Auch die Fähigkeit, Muster zu erkennen, lernt Ihr Kind ganz nebenbei im Alltag. Zum Beispiel immer dann, wenn es sein Zimmer aufräumen soll und dabei alle Bausteine in die Baukiste, alle Bilderbücher ins Regal und alle Autos auf den Bauteppich stellen soll.

Entwickeln Sie mit Ihrem Kind ein Prinzip, wie es sein Zimmer und seinen Schreibtisch organisieren möchte. Dabei kommen Sie ganz nebenbei ins Gespräch über Muster, nämlich Gemeinsamkeiten und Unterschiede, und merken, wie fit Ihr Kind diesbezüglich ist – und Sie schaffen eine Grundlage für ein aufgeräumtes Zimmer.

Sogar beim Abtrocknen oder beim Ausräumen der Spülmaschine trainiert Ihr Kind das Abstraktionsvermögen, muss es doch Löffel zu Löffel einordnen und die Teller nach verschiedenen Größen sortieren.

Kinder, die dieses Prinzip gut durchschaut haben, erkennen schon in der ersten Klasse, dass bei der Addition von Zehner und Einer nur die beiden Ziffern zusammengestellt werden, $10 + 1$ ist dann eben 11 und $10 + 9$ ist 19. Wer das begriffen hat, kann auch $20 + 9$ und $300 + 90 + 3$ rechnen. Bis dahin ist jedoch ein weiter Weg. Beobachten Sie Ihr Kind, ob es gerne solche Übungen löst, bei denen das Reihenprinzip erkannt werden oder ein Muster nachgebaut werden muss.

Kinder, die das Prinzip nicht durchschaut haben, vermeiden solche Aufgaben häufig. Achten Sie darauf, ob Ihr Kind mit der Zehner-Einer-Addition schon in den ersten Klassen Schwierigkeiten hat. Dann sollten Sie auf jeden Fall Kontakt mit der Lehrerin oder dem Lehrer aufnehmen und ihn oder sie bitten, die Abstraktionsfähigkeit Ihres Kindes einzuschätzen. Und Sie sollten zu Hause jede Gelegenheit nutzen, diese Fähigkeit zu fördern, zum Beispiel beim Sortieren alter Knöpfe oder Socken.

Mathematik im Alltag erkennen

Viele Menschen können mit Mathematik angeblich nichts anfangen, dabei begegnet sie jedem täglich. Ja, auch Ihnen und Ihrem Kind. Nutzen Sie diese Gelegenheiten, um ihm zu erklären, warum es wichtig ist, Rechnen zu lernen – vor allem dann, wenn es seinen Widerwillen „geerbt" hat.

Schon wenn Sie Ihr Kind mit den Worten „In zehn Minuten musst du los" antreiben, sind Sie im Reich der Mathematik. Ohne nachzudenken, haben Sie durch einen Blick auf die Uhr errechnet, dass es bis zur Startzeit noch zehn Minuten sind. Nun müssen Sie nicht ausgerechnet diese zehn Minuten nutzen, um Ihrem Kind zu erklären, dass Sie ihm diesen Hinweis nur dank Ihrer mathematischen Sicherheit geben können. Im Laufe des Tages ergeben sich genug Gelegenheiten.

Ihr Kind wünscht sich einen iPod? Dann lassen Sie es doch selbst ausrechnen, ob das Ersparte reicht (allerdings sollte es schon in der dritten Klasse sein, wenn der Preis die 100-Euro-Marke sprengt).

Als Schnäppchenjäger Rechnen üben

Am häufigsten wenden Sie Mathematik im Alltag vermutlich an, wenn Sie Preise vergleichen oder etwas bezahlen. Beziehen Sie doch Ihr Kind ein und versprechen Sie ihm, dass ein Teil des eingesparten Geldes in seine Spardose kommt. Sie werden sehen, dass es auf einmal mit Begeisterung die Prospekte mit den Sonderangeboten liest, Preise vergleicht und ganz nebenbei lernt, sicher mit Cent und Euro umzugehen und im Kopf zu rechnen.

Am besten erstellen Sie anfangs gemeinsam eine Tabelle, was die gängigen Lebensmittel in Ihrem bevorzugten Supermarkt kosten. Dabei bekommt Ihr Kind auch ein Gefühl für Preise und Geld und sogar noch das Verständnis für den Sinn einer Tabelle.

Ihr Kind hat die Idee, zum Kindergeburtstag alle Freunde ins Kino einzuladen? Ab der zweiten oder dritten Klasse kann es selbst ausrechnen, wie viel Sie für den Eintritt zahlen müssen, wenn für acht Kinder jeweils sechs Euro bezahlt werden sollen.

Ihr Kind hätte gerne eine neue Tapete in seinem Zimmer? Ihr Kind will unbedingt ein weit entferntes Ziel ansteuern, während Sie nicht weit fahren möchten? Lassen Sie es ausrechnen, wie viel Tapete Sie benötigen oder wie lange Sie bis zu seinem Reiseziel unterwegs sein werden.

Sie sehen schon, Sie brauchen nur einen offenen Blick für die Mathematik, um zu zeigen, dass es sich hierbei nicht um ein lästiges Fach handelt, sondern um einen Bereich, der sehr viel mit unserem Leben zu tun hat. Sobald Ihr Kind das Prinzip erkannt hat, wird es selbst aktiv werden und Sie darauf aufmerksam machen, wo es das, was es in der Schule gelernt hat, live erlebt und anwenden kann.

Zahlen bis 1 Million einordnen

Während Ihr Kind bei der Einschulung nur die Zahlen von 1 bis 10 oder 20 kennt und vielleicht auch bis 10 oder 20 zählen kann, lernt es im Laufe der Grundschule immer größere Zahlen kennen und einzuordnen.

Es lernt, welche Bedeutung Zahlen haben können, und dass die Zahlen, mit denen es rechnet, meist für Mengen stehen. Diese Mengen werden immer größer: Während in der ersten Klasse noch mit den Zahlen von 1 bis 20, also im Zahlenraum bis 20, gerechnet wird, lernt Ihr Kind in der zweiten Klasse den Zahlenraum bis 100 kennen und ab der dritten Klasse auch die Zahlen ab 100. Am Ende der Grundschule sollte es das Prinzip des Zahlenaufbaus verstanden haben und mit Zahlen bis 1 Million rechnen können. Wenn es das Prinzip durchschaut hat, fällt ihm auch das Rechnen mit größeren Zahlen nicht schwer.

Stellenwerttafel*

M	HT	ZT	T	H	Z	E
1	2	3	4	5	6	7

* An die Stelle der Doppellinien lässt Ihr Kind beim Schreiben entweder eine kleine Lücke oder es setzt einen Punkt, um die 1000er-Schritte auf einen Blick zu erkennen. (M = Million, HT = Hunderttausender, ZT = Zehntausender, T = Tausender, H = Hunderter, Z = Zehner, E = Einer)

Doch wie ist das Prinzip der Zahlen? Jede Zahl besteht aus mehreren Ziffern, die eine bestimmte Stelle haben. Je nachdem, wo sie stehen, geben sie die Größe des Einers, Zehners, Hunderters, Tausenders und so weiter an. Wichtig ist, dass Ihr Kind versteht, dass es die Ziffer, die auf dem „Zehnerplatz" steht, nicht einfach mit der, die auf dem „Einerplatz" oder „Hunderterplatz" steht, zusammenrechnen kann. Da das nicht ganz einfach ist und viel Übung braucht, lernt Ihr Kind zunächst addieren und subtrahieren, damit es Sicherheit im Umgang mit den Zahlstellen gewinnt.

Achten Sie darauf, ob Ihr Kind das Prinzip verstanden hat. Schauen Sie gerade in den ersten Jahren danach, dass es die Zahlen richtig in die Kästchen schreibt, auch wenn es die Stellenwerttafel noch nicht in der Schule durchgenommen haben sollte. Ihr Kind gewöhnt sich auch an solche kleinen Dinge und bekommt damit eine Grundlage, sicher zu rechnen.

Spieltipp: Zwerg oder Riese?

Für dieses Spiel benötigen Sie einen Würfel, Papier und Stifte.

Vor Spielbeginn zeichnet jeder Spieler auf sein Papier eine Stellenwerttafel mit den Stellenwerten, die Ihr Kind schon kann, und darunter einige leere Zeilen, zum Beispiel:

H   Z   E

Nun wird festgelegt, ob beim Würfeln die größte oder kleinste Zahl gesucht werden soll.

Jetzt wird reihum gewürfelt, in dem Beispiel insgesamt drei Mal, bei mehreren Stellen entsprechend häufiger.

Nach jedem Wurf entscheidet ein Spieler, in welches Feld er die Zahl schreibt. Gewonnen hat, wer am Ende die größte oder eben die kleinste Zahl hat.

Mit diesem Spiel übt Ihr Kind ganz nebenbei, was die Ziffern in dem Stellenwertsystem für die ganze Zahl bedeuten.

Grundrechenarten im Kopf rechnen

Neben den Zahlen lernt Ihr Kind in der Grundschule, die vier Grundrechenarten sicher zu nutzen, und zwar nicht nur, indem es mit „nackten" Zahlen rechnet, sondern auch mit Größen wie Meter und Liter. Die Grundrechenarten sind die Grundlage der gesamten Mathematik, selbst in der Oberstufe tauchen in den Aufgaben die Zeichen +, –, · und : auf. Jede Übung, die Sie mit Ihrem Kind in der Grundschule machen, lohnt sich also vielfach.

Es gibt vier grundsätzliche Rechenoperationen, die Ihrem Kind im Laufe der Schulzeit und im Alltag immer wieder begegnen:

1. Addition

Als erste Rechenoperation lernt Ihr Kind die Addition (das Plusrechnen), mit der errechnet wird, wie viel vorhanden ist, wenn eine Menge zu einer vorhandenen hinzukommt. Das Ergebnis der Addition nennt man **Summe.**

Die Zahlen, die addiert werden, werden als **Summand** bezeichnet.

$$\boxed{} + \boxed{} = \boxed{}$$

Summand + Summand = Summe

Beim Addieren dürfen die Summanden vertauscht werden:
$15 + 2 = 2 + 15$

2. Subtraktion

Bei der Subtraktion wird errechnet, was übrig bleibt, wenn etwas weniger wird, also abgegeben oder weggenommen wird. Die Rechenoperation wird auch als Minusrechnen bezeichnet, der Fachbegriff für das Ergebnis lautet **Differenz.**

Die Zahl, von der subtrahiert wird, nennt man **Minuend.** Die Zahl, die subtrahiert (also abgezogen) wird, heißt **Subtrahend.**

$$\boxed{} - \boxed{} = \boxed{}$$

Minuend − Subtrahend = Differenz

In der Grundschule lernt Ihr Kind, dass die erste Zahl größer sein muss als die zweite Zahl. Wichtig ist, dass Sie Ihrem Kind erklären, dass es bei der Subtraktion anders als bei der Addition die beiden Zahlen nicht einfach vertauschen darf und immer von links nach rechts rechnen muss.

3. Multiplikation

Bei der Multiplikation wird errechnet, wie oft etwas vorhanden ist, wenn es in mehreren Bündeln vorhanden ist. Das Multiplizieren wird auch Malnehmen genannt, der Begriff für das Ergebnis lautet **Produkt.**

Die Zahlen, die multipliziert werden, heißen **Faktor.**

$$\boxed{} \cdot \boxed{} = \boxed{}$$

Faktor · Faktor = Produkt

Beim Multiplizieren dürfen die Zahlen, die multipliziert werden sollen, vertauscht werden. $5 \cdot 2 = 2 \cdot 5$

4. Division

Die Rechenoperation, bei der etwas aufgeteilt oder verteilt wird, ist die Division. Dabei wird ausgerechnet, wie viele Teile beim Dividieren entstehen. Das Ergebnis der Division wird als **Quotient** bezeichnet.

Die Zahl, die geteilt wird, heißt **Dividend.**

Die Zahl, durch die geteilt wird, nennt man **Divisor.**

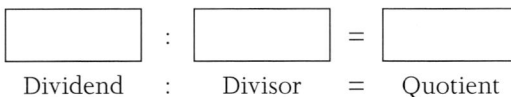

| Dividend | : | Divisor | = | Quotient |

Erklären Sie Ihrem Kind, dass es nur dividieren kann, wenn die erste Zahl größer ist als die zweite Zahl, und dass es immer von links nach rechts rechnen muss.

Von links nach rechts rechnen

Rechnen und Lesen unterscheiden sich besonders darin, dass beim Lesen auffällt, wenn ein Kind die Richtung vertauscht, denn ein Wort von rechts nach links gelesen, klingt merkwürdig. In der Mathematik ist das in der Regel nicht so. Deshalb ist es wichtig, dass Sie Ihr Kind bei den ersten Rechenaufgaben dazu anhalten, die Aufgaben von links nach rechts zu lösen und nicht einfach zuerst die Zahl rechts und dann die auf der linken Seite zu lesen.

Das ist vor allem deshalb wichtig, weil sich im Laufe des Rechnenlernens die Richtung wechseln wird, zum Beispiel bei Lückenaufgaben, auf jeden Fall aber beim schriftlichen Rechnen. Ein Kind, das das Grundprinzip nicht sicher verstanden hat, gerät dann völlig durcheinander.

Je mehr Erfahrungen Ihr Kind mit den Rechenoperationen sammelt, umso leichter versteht es die Rechnungen. Nutzen Sie daher im Alltag jede Gelegenheit, um auf die Rechenoperationen zu verweisen, zum Beispiel:

- „Ich gebe dir noch zwei Stücke Schokolade dazu. Wie viel hast du denn jetzt?"
- „Gib deiner Schwester drei Gummibärchen ab. Wie viele hast du noch übrig?"
- „In jeder Eierpackung sind sechs Eier. Wir haben drei Eierpackungen, also haben wir dreimal sechs Eier."
- „Verteile die Erdbeeren in die Schälchen. Wie viele bekommt jeder?"

Spieltipp: Mathekönig

Mit diesem Spiel trainieren Sie die Grundrechenarten mit Ihrem Kind, und es lernt spielerisch, dass die Ergebnisse beim Rechnen mit den gleichen Zahlen ganz unterschiedlich ausfallen können.

Vor Spielbeginn zeichnet jeder Spieler folgende Tabelle auf ein Blatt:

Spielrunde	+	−	·	:	Summe
1					
2					
3					
4					

Es wird mit zwei Würfeln gewürfelt.

Der Spieler, der gewürfelt hat, muss sich entscheiden, ob er aus den Augen der beiden Würfel eine Plus-, Minus-, Mal- oder Geteiltaufgabe bildet. Dann rechnet er das Ergebnis aus und schreibt es in seine Tabelle.

Anschließend ist der nächste Spieler an der Reihe. In einer Spielrunde würfelt jeder Teilnehmer viermal, aber nicht direkt hintereinander, sondern im Wechsel mit den anderen Spielern.

Gewonnen hat, wer in einer Runde die höchste Summe erreicht hat.

Wichtig ist nicht nur, dass Ihr Kind die Grundrechenarten versteht und auf dem Papier rechnen kann, es muss sie spätestens am Ende der Grundschulzeit (je früher, desto besser) schnell im Kopf rechnen. Das gilt vor allem für die Ergänzung auf den nächsten Zehner ($8 + 2 = 10$), für die Zehnerüberschreitung ($5 + 9 = 13$), das kleine Einmaleins und die jeweiligen Umkehraufgaben.

Erklären Sie Ihrem Kind, dass es diese Aufgaben so gut beherrschen muss, dass es sie lösen kann, wenn Sie es nachts im Schlaf wecken. Motivieren können Sie es dadurch, dass Sie selbst laut im Kopf rechnen, wann immer es passt. Dabei erlebt Ihr Kind, dass Sie ihm keinen Unsinn erzählen, sondern dass Sie selbst wirklich tagtäglich im Kopf addieren, subtrahieren, multiplizieren und dividieren.

Geschwindigkeit trainieren

In vielen Schulen ist es üblich, eine Mathematikstunde mit einer Art Kopfrechenwettbewerb zu beginnen. Zum Beispiel stehen alle Kinder auf und wer die Lösung einer Aufgabe sagen konnte, darf sich hinsetzen. Für Kinder, die eine Rechenschwäche haben oder langsamer rechnen, ist diese Übung ein Horror. Wenn Ihr Kind davon betroffen ist, sollten Sie die Lehrkraft ansprechen und ihr erklären, wie demotivierend dieses Spiel auf Ihr Kind wirkt.

Ergänzend dazu können Sie mit ihm Kopfrechnen auf Zeit üben, allerdings sollte es sich dabei an sich selbst messen. Üben Sie täglich drei bis fünf Aufgaben, je nach Klassenstufe Zehnerergänzung oder Einmaleins, und stoppen Sie die Zeit, die Ihr Kind gebraucht hat. Tragen Sie sie in eine Tabelle ein, dann kann es selbst verfolgen, dass es schneller geworden ist. Diese Erfahrung gibt ihm Sicherheit für das Zeitrechnen in der Schule.

Probieren Sie es aus. Es ist immer wieder erstaunlich zu sehen, dass Kinder sich gerne an sich selbst messen und den Ehrgeiz haben, besser zu werden.

Ziel ist, dass Ihre Tochter oder Ihr Sohn die Aufgabe nicht mehr rechnet, sondern automatisch lösen kann, das Ergebnis quasi schon sieht, wenn es zwei Zahlen anschaut. Das hilft ihm bei den komplexeren Aufgaben in der weiterführenden Schule, wenn es Klammern auflösen oder Brüche auf einen Nenner bringen soll.

Um diese Aufgaben zu üben, müssen Sie nicht am Tisch sitzen, Sie können sie genauso gut beim Spaziergang üben: Errechnen Sie zum Beispiel um die Wette die Summe zweier Hausnummern, Autokennzeichen oder Preisangebote.

Geschickt rechnen

Wissen Sie noch, was es bedeutet, geschickt zu rechnen? Wahrscheinlich machen Sie sich darüber gar keine Gedanken mehr, denn Sie tun es täglich, wenn Sie rechnen. Wenn Sie zum Beispiel eine Reihe von Zahlen addieren müssen, zählen Sie zunächst diejenigen Zahlenpaare zusammen, die auf den ersten Blick 10 ergeben – dadurch rechnen Sie schneller und die Fehlerquote sinkt. Genau das sollte Ihr Kind auch können, aber dazu muss es muss die Tricks kennen, die Sie und andere geübte Rechner beherrschen.

Das Grundprinzip des geschickten Rechnens ist, eine Rechnung in einfache Teilaufgaben zu zerlegen oder zuerst die einfachen Teilaufgaben zu lösen und sich dann den schwierigeren zuzuwenden.

Ihr Kind fängt bereits an, geschickt zu rechnen, wenn es in der ersten Klasse bei der Zehnerergänzung zuerst bis zum Zehner und dann weiterrechnet. Das klappt dann gut, wenn es sämtliche Additions- und Subtraktionsaufgaben im Zahlenraum bis 20 auswendig kann.

Eine andere Form, geschickt zu rechnen, ist, zunächst die Zahlen zu addieren oder zu subtrahieren, die zu einer 0 am Ende führen, in der Aufgabe: 17 + 24 + 23 + 36 also nicht 17 + 4 + 20 usw., sondern 17 + 23 und 24 + 36. Doch dazu muss Ihr Kind sicher in der Zehnerergänzung sein und die Aufgaben, die zu einer 0 führen, von selbst sehen, ohne sie groß zu errechnen.

Gerade bei längeren Aufgaben lohnt es sich, genau hinzusehen und zu prüfen, ob nicht eine geschickte Aufteilung möglich ist, zum Beispiel hier: $9 \cdot 15 \cdot 2$

Nun kann Ihr Kind mühevoll $9 \cdot 15$ ausrechnen und das Ergebnis mit 2 multiplizieren, viel leichter aber ist es zu erkennen, dass $15 \cdot 2$ eine Zehnerzahl ergibt und sich damit viel schneller rechen lässt: $15 \cdot 2 = 30$ und $30 \cdot 9$ (das ist nun wieder kleines Einmaleins $3 \cdot 9$ mit einer 0 angehängt).

Zehnerüberschreitung geschickt rechnen

Die Anzahl der Additions- und Subtraktionsaufgaben im Zahlenraum bis 20 sind überschaubar. Die sollten Sie ruhig immer wieder auch spielerisch üben, zum Beispiel, indem Sie Laufspiele mit zwei Würfeln spielen, vielleicht sogar mit zwei Würfeln, auf denen die Zahlen von 1 bis 10 stehen (im Handel gibt es Würfel mit 12 Seiten, überkleben Sie einfach die Zahlen 11 und 12, wer die würfelt, muss dann eben einmal aussetzen).

Nun benötigen Sie nur noch einen Spielplan mit möglichst vielen Feldern und für jeden Spieler eine Spielfigur und es kann losgehen. Es wird mit zwei Würfeln gewürfelt, die Augen der beiden Würfel werden addiert. So übt Ihr Kind ganz nebenbei, im Zahlenraum bis 20 zu addieren und Sie haben viel Spaß miteinander.

Auch wenn Ihr Kind diese Regeln sicher beherrschen muss, ist es doch wichtig, dass Sie sie ihm erst erklären, wenn sie in der Schule vermittelt wurden. Sonst bringen Sie Ihren Sprössling womöglich durcheinander.

Schriftlich rechnen

Jene Kinder, die sich schwertun mit den Grundrechenarten, können aufatmen, wenn die schriftlichen Rechenverfahren eingeführt werden. Das bedeutet nicht, dass Ihr Kind nie mehr Kopfrechnen üben muss. Es wird selbst schnell bemerken, dass es auch bei den schriftlichen Rechenverfahren Zahlen im Kopf verknüpfen muss. Allerdings sind die Ergebnisketten nicht mehr so lang, sodass die Gefahr, einen Fehler zu machen und damit weiterzurechnen, deutlich sinkt.

Wann das schriftliche Rechnen eingeführt wird, ist von Schule zu Schule unterschiedlich – und auch die Art und Weise des Rechnens ist nicht einheitlich. Warten Sie daher unbedingt, bis diese Aufgaben durchgenommen werden, bis Sie sie Ihrem Kind erklären und mit ihm üben. Auch wenn es letztlich auf das Ergebnis ankommt, so achten Lehrer doch in der Regel darauf, dass nach dem von ihnen bevorzugten Prinzip gerechnet wird, schließlich ist das Rechenverfahren in ein didaktisches Konzept eingebettet und steht im Zusammenhang mit dem gesamten Unterricht.

Die meisten Kinder lernen zunächst halbschriftlich zu rechnen, hier wird das Ergebnis in mehreren Schritten ermittelt.

Halbschriftliche Addition 1

Die halbschriftliche Addition sieht zum Beispiel so aus:

234 + 457	=	234 + 457
234 + 400 = 634		234 + 7 = 241
634 + 50 = 684		241 + 50 = 291
684 + 7 = 691		291 + 400 = 691
234 + 457 = 691		234 + 457 = 691

Das erste Beispiel ist für Kinder mit Orientierungsproblemen unter Umständen schwierig, weil sie sich angewöhnen, von links nach rechts zu addieren, während bei der schriftlichen Addition von rechts nach links gerechnet werden muss. Wenn Sie merken, dass Ihr Kind durcheinandergerät, sprechen Sie die Lehrkraft an, ob es statt der Hunderter zunächst die Einer addieren darf (vgl. das jeweils rechte Beispiel im Kasten), wie es bei der schriftlichen Addition auch der Fall ist.

Halbschriftliche Addition 2

In manchen Schulen werden beim halbschriftlichen Rechnen auch die Einer, Zehner, Hunderter getrennt addiert und am Ende die Ergebnisse:

234 + 457	=	234 + 457
200 + 400 = 600		4 + 7 = 11
30 + 50 = 80		30 + 50 = 80
4 + 7 = 11		200 + 400 = 600
234 + 457 = 691		234 + 457 = 691

An dem Beispiel sehen Sie, wie wichtig es ist, genau ins Schulbuch oder ins Heft Ihres Kindes zu schauen, wenn es die halbschriftlichen und schriftlichen Rechenverfahren lernt, um es nicht noch durch Ihre eigene Rechenweise durcheinanderzubringen.

Eine Frage der Orientierung

Die schriftlichen Rechenverfahren erleichtern zwar einerseits vieles, aber sie erschweren Kindern mit Orientierungsproblemen auch einiges. Da haben sie sich gerade angewöhnt, von links nach rechts zu rechnen und nun wechselt die Orientierung: Auf einmal muss es bei der schriftlichen Addition, Subtraktion und Multiplikation von rechts nach links rechnen. Achten Sie darauf, ob Ihr Kind damit Schwierigkeiten hat. Helfen Sie ihm gegebenenfalls, indem Sie ihm einen Pfeil basteln, den es sich über sein Arbeitsblatt legen kann, ehe es mit der Rechnung beginnt. Natürlich muss der Pfeil in die Richtung zeigen, in die gerechnet werden muss.

Runden und überschlagen

Die Fähigkeit zu runden und eine Rechnung zu überschlagen, benötigt Ihr Kind, um bei Aufgaben mit größeren Zahlen zu überschauen, ob das Ergebnis richtig sein könnte. Auch hier können Sie Ihrem Kind vorleben, dass Sie runden und Überschlag rechnen, wenn Sie zum Beispiel an der Tankstelle oder an der Eisdiele überschlagen, wie viel Sie zahlen müssen. Schätzen Sie den Betrag, geben Sie Ihrem Kind das Geld und lassen Sie es selbst erleben, wie dicht Sie mit Ihrer Rechnung am Ergebnis waren.

Der erste Schritt der Überschlagsrechnung ist, richtig zu **runden.** Das kommt Ihnen so einfach und selbstverständlich vor, aber Sie haben auch jahrelange Übung darin, Ihr Kind muss das Grundprinzip erst lernen.

Bleiben Sie also geduldig, wenn es zum zehnten Mal 17 abrundet und 12 aufrundet. Erklären Sie ihm, dass alle Ziffern bis 4 abgerundet werden und dass ab 5 aufgerundet wird. Gerundet wird immer auf die nächste „0" auf dem Ziffernplatz, auch das ist Kindern nicht immer sofort klar. Erklären Sie ihm das Runden daher ruhig noch einmal an der Stellenwerttafel.

Stellenwerttafel

ZT	T	H	Z	E
3	4	5	6	7

Beim Runden auf den Zehner wird der Einer 7 aufgerundet gerundet, das heißt, in dem Einerfeld steht eine 0 und das Zehnerfeld wird um eins größer oder bleibt gleich.

Weisen Sie Ihr Kind darauf hin, dass es auch beim Runden die Aufgabe genau lesen muss. Da steht nämlich, ob es auf den Zehner runden soll (ob die letzte Ziffer eine Zehnerzahl werden soll) oder ob es auf den Hunderter oder Tausender runden soll. Entsprechend ändert sich die Anzahl der Nullen am Ende. Je mehr Gelegenheiten Sie nutzen, um Ihr Kind runden zu lassen, umso sicherer wird es mit der Zeit.

Die Rundungstreppe

Wenn Ihr Kind das Prinzip der Rundung einfach nicht versteht, versuchen Sie es mit der Rundungstreppe. Zeichnen Sie ihm eine Treppe mit den Zahlen von 10 bis 20 auf.

										20
									19	
								18		
							17			
						16				
					15					
				14						
			13							
		12								
	11									
10										

Erklären Sie, dass es mit dem Runden so ist wie beim Treppensteigen: Wenn jemand losläuft und müde wird, dann geht er, wenn er erst bis zur 4 gekommen ist, zum Anfang zurück und ruht sich dort aus. Deswegen bleibt der 10er (100er ...) gleich. Hat er es aber bis zur 5 oder weiter geschafft, rafft er sich auf, geht noch ein Stückchen und ruht sich erst oben aus. Deswegen steht dann dort der nächste 10er (100er).

Kinder, die ein Bild benötigen, um sich eine Aufgabe vorzustellen, begreifen das Runden mit diesem Beispiel ziemlich schnell. Kinder, die schematisch rechnen, verstehen das Runden in der Regel auch ohne bildliche Hilfe.

Beim **Überschlagen** geht es dann darum, mit den gerundeten Zahlen die vorgegebenen Aufgaben zu rechnen, also beispielsweise statt $92 \cdot 38$ (3496) auszurechnen, $90 \cdot 40$ (3600) zu rechnen. Mithilfe des Überschlags weiß Ihr Kind gleich, ob es mit seinem Ergebnis richtig liegen könnte oder weit daneben. Hat es zum Beispiel versehentlich $29 \cdot 38$ (1102) oder $92 \cdot 83$ (7636) gerechnet, zeigt der Überschlag, dass etwas nicht stimmt und es noch einmal rechnen muss.

Auch die Überschlagsrechnung können Sie mit Ihrem Kind nebenbei im Alltag üben, wenn Sie es beim Einkaufen überschlagen lassen, wie viel Sie an der Kasse zahlen müssen. Dabei kann Ihr Kind das Gelernte gleich anwenden und erfährt, dass der Schulstoff sinnvoll ist. Außerdem stärkt es sein Selbstvertrauen, wenn Sie ihm eine Aufgabe übertragen, die Sie sonst selbst erledigt hätten.

Geometrische Figuren und Körper erkennen

Schon bei der Einschulung kann Ihr Kind geometrische Figuren an einfachen Merkmalen auseinanderhalten, es kann ein Dreieck von einem Viereck unterscheiden und weiß, wie ein Kreis aussieht.

Im Laufe der Grundschulzeit lernt Ihr Kind, solche geometrischen Figuren genauer zu bestimmen und auf Merkmale zu achten. Es kann Vielecke anhand der Anzahl der Ecken benennen und Flächen (auch: ebene Figuren) und Körper auseinanderhalten. Sogar die Bedeutung von Seitenlänge und Winkel versteht es und kann damit Flächen nach Vorgaben zeichnen.

Wichtig ist, dass Ihr Kind den Unterschied zwischen Flächen und Körper versteht. Flächen sind eben, also flach wie ein Blatt Papier. Ein Körper hingegen füllt einen bestimmten Raum aus wie der Körper eines Menschen. Nutzen Sie ruhig die Eselsbrücken „Eine Fläche ist flach" und „Ein Körper ist breit, hoch und dick wie der Körper eines Menschen oder Tieres", um den Unterschied zu erklären.

Flächen

Quadrat	Es hat vier Ecken, vier gleiche (rechte) Winkel und vier gleiche Seiten.
Rechteck	Es hat vier Ecken, vier gleiche (rechte) Winkel und die gegenüberliegenden Seiten sind gleich lang.
Dreieck	Es hat drei Ecken, drei Winkel und drei Seiten. Sind alle Winkel und Seiten gleich, sagt man: gleichseitiges Dreieck. Hat es einen rechten Winkel, heißt es rechtwinkliges Dreieck und sind zwei Seiten gleich lang, spricht man vom gleichschenkligen Dreieck.
Vieleck	Die Anzahl der Ecken, Winkel und Seiten ist gleich groß, zum Beispiel Fünfeck, Sechseck, Achteck.
Parallelogramm	Ein Parallelogramm hat vier Ecken, vier Winkel, von denen die gegenüberliegenden gleich groß sind, und vier Seiten, von denen die gegenüberliegenden gleich lang sind. Ein Rechteck ist eine Sonderform des Parallelogramms.
Trapez	Ein Trapez ist eine besondere Form des Vierecks.
Raute	Eine Raute ist eine besondere Form des Vierecks.

Ihr Kind lernt diese Flächen und Körper, weil sie im Alltag überall vorkommen und es auch sie berechnen können soll, und zwar den Umfang, die Fläche und in der weiterführenden Schule den Inhalt.

In der Grundschule werden Umfang und Fläche häufig mithilfe von Kästchen dargestellt und berechnet, das Prinzip dabei ist jedoch das Gleiche wie die Berechnung in Längenmaßen. So ist die **Fläche** eines Rechtecks dann eben nicht 12 m², sondern 12 Zentimeterquadrate. Achten Sie darauf, wie Ihr Kind die Berechnung erlernt, um es nicht zu verwirren. Gerade die Bezeichnung m² bringt es eher durcheinander und verhindert, dass es das Prinzip versteht.

Der **Umfang** ist die Summe der Seitenlängen, zum Beispiel:
2 cm + 4 cm + 2 cm + 4 cm = 12 cm Umfang

Der **Flächeninhalt** wird ermittelt, indem die Kästchen oder Zentimeterquadrate zusammengezählt werden bzw. indem die beiden Seiten multipliziert werden.

Es gibt drei Reihen, in jeder Reihe sind fünf Quadrate, der Flächeninhalt umfasst also 3 · 5 = 15 Zentimeterquadrate (Kästchen).

Geometrische Körper

Würfel	Er hat acht Ecken, zwölf Kanten und sechs Flächen. Alle Flächen sind gleich und sie sind Quadrate.
Quader	Ein Quader hat auch acht Ecken, zwölf Kanten und sechs Flächen. Die gegenüberliegenden Flächen sind gleich und sie sind Rechtecke.
Pyramide	Die Pyramide hat vier (Dreieckspyramide) oder fünf (Viereckspyramide) Ecken, sechs oder acht Kanten und vier oder fünf Flächen. Bei der Dreieckspyramide sind alle vier Flächen Dreiecke und bei der Viereckspyramide sind vier Flächen Dreiecke und eine Fläche ist ein Viereck.
Zylinder	Ein Zylinder hat keine Ecken, aber drei Flächen, zwei davon sind Kreise, die parallel zueinander liegen, und die dritte Fläche ist gekrümmt.
Kegel	Ein Kegel hat eine Kreisfläche, eine gekrümmte Fläche und eine Ecke.
Kugel	Eine Kugel hat keine Ecken und Kanten, sondern nur eine gekrümmte Fläche.

Ihr Kind sollte, wenn es in die weiterführende Schule wechselt, die grundlegenden Begriffe der Flächen und Körper kennen, aber auch Bezeichnungen wie Seiten, Kanten, Flächen, Ecken und Winkel einordnen können.

Flächen und Körper im Alltag

Sie können Ihrem Kind helfen, die verschiedenen Formen auseinanderzuhalten, indem Sie gemeinsam im Alltag Ausschau nach Flächen und Körpern halten, ein Vorfahrtstraßenschild sieht aus wie eine Raute und das Schild „Vorfahrt achten" wie ein gleichseitiges Dreieck. Die Saftpackung ist ein Quader und der Ball natürlich eine Kugel, während ein Teller die Form eines Kreises hat.

Würfel- und Quadernetze untersuchen

Um ein Gefühl für die Räumlichkeit der Körper zu bekommen, bastelt Ihr Kind in der Grundschule selbst Körper, meist beschränkt auf Würfel und Quader. Und es untersucht Würfel- und Quadernetze danach, ob sie beispielsweise zu einem Würfel oder einem Quader zusammengesetzt werden könnten oder ob eine Seite fehlt bzw. eine andere doppelt vorhanden ist.

Bei dieser Aufgabe wird die Vorstellungskraft Ihres Kindes gefordert. Fällt ihm die Vorstellung schwer, lassen Sie es die Vorlagen auf ein kariertes Blatt Papier zeichnen, ausschneiden und einen Körper basteln. Dabei bekommt es ein besseres Gespür dafür, wie die Seiten angeordnet sein müssen, damit der Körper geschlossen ist.

Würfelnetze

Versuchen Sie einmal selbst auf den ersten Blick zu erkennen, welches Würfelnetz einen vollständigen Würfel ergibt und welches nicht.

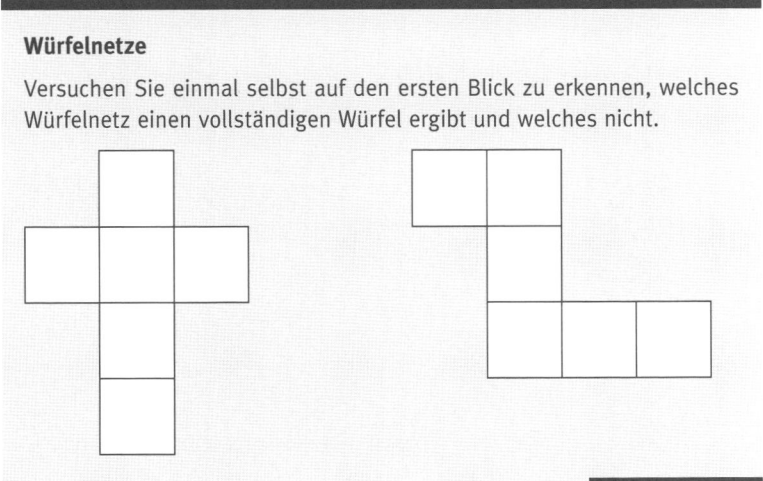

Hat Ihr Kind einen Würfel gebastelt, nummerieren Sie die sechs Seiten. Dieser Würfel kann nun als Hilfsmittel dienen, sich das Würfel- oder Quadernetz vorzustellen. Lassen Sie Ihr Kind mithilfe des Würfels in das Netz eintragen, wo welche Seite liegen könnte, bis es die Regeln verinnerlicht hat. Sollte es Schwierigkeiten haben, das Prinzip des Würfels auf einen Quader, dessen Seiten nicht alle gleich sind, zu übertragen, lassen Sie Ihr Kind einen Quader basteln, die Seiten nummerieren und die Aufgabe mit dem Modell lösen.

Es ist wichtig, dass Ihr Kind dieses Grundprinzip versteht, um in der weiterführenden Schule die komplexen Aufgaben bei der Raumberechnung nachvollziehen zu können.

Geometrisch zeichnen

Zu den Dingen, die den meisten Kindern im Mathematikunterricht richtig Spaß machen, gehört das geometrische Zeichnen. Hier konstruieren die Kinder nach Vorgaben oder Vorbildern geometrische Flächen.

Die Grundausstattung, die Ihr Kind dafür benötigt, besteht aus einem Lineal, einem spitzen (!) Bleistift, einem Zirkel und einem Geodreieck.

Als Erstes muss Ihr Kind lernen, dass es beim geometrischen Zeichnen darum geht, ganz genau zu sein – also nicht einfach drauflos zu zeichnen, sondern zu prüfen, welche Vorgaben es gibt.

Dazu muss Ihr Kind die Grundbegriffe des geometrischen Zeichnens kennen und umsetzen können.

Ihr Kind lernt, mit einer der Vorgaben zu beginnen und von dort aus die gesamte Figur zu zeichnen. Helfen Sie ihm, sich von Anfang an daran zu gewöhnen, jede Angabe genau zu überprüfen und erst danach zu zeichnen. Diese Sorgfalt macht sich in den höheren Klassen bemerkbar, wenn es darum geht, komplexe Figuren zu zeichnen und vor allem Winkel und Seiten zu berechnen.

Grundbegriffe des geometrischen Zeichnens

Strecke: Das ist eine gerade Linie, die durch einen Anfangs- und einen Endpunkt begrenzt ist und die mit dem Lineal gemessen werden kann.

Parallele: Parallele Linien verlaufen so neben- oder übereinander, dass ihre Entfernung voneinander an jeder Stelle genau gleich ist.

Senkrechte: Senkrechte Linien stehen im rechten Winkel zu einer Linie.

Ecke und Winkel: Es gibt keine Ecke ohne einen Winkel. Wenn also eine Fläche mit Ecken gezeichnet werden soll, ist darauf zu achten, wie groß der Winkel ist. Er wird mit dem Geodreieck gemessen.

Rechter Winkel: Ein rechter Winkel hat 90 Grad.

Seite: Eine geometrische Fläche hat Seiten, die unterschiedlich lang sind. Sie werden in Buchstaben angegeben, in der Aufgabe steht zum Beispiel: a = 4 cm.

Mittelpunkt: Das ist der Punkt, der genau in der Mitte eines Kreises liegt. Beim Zeichnen mit dem Zirkel ist das der Einstichpunkt.

Radius: Der Radius gibt an, wie lang die Strecke vom Einstichpunkt zur Kreislinie ist.

Durchmesser: Der Durchmesser ist der zweifache Radius. Er gibt an, wie lang die Strecke von einer Seite des Kreises zur nächsten ist, wenn sie genau durch den Mittelpunkt verläuft.

Um geometrisches Zeichnen zu üben, bitten Sie Ihr Kind, Muster für Glückwunschkarten oder für Tischsets anzufertigen. Mithilfe eines Laminiergerätes haben Sie die Werke rasch wasserfest gemacht, Ihr Sprössling hat Spaß und eine wichtige Grundfähigkeit trainiert.

Symmetrie erkennen und herstellen

Je mehr Erfahrungen Ihr Kind in der Grundschule oder schon vorher mit mathematischen Besonderheiten gesammelt hat, umso leichter versteht es diese, wenn sie im Unterricht behandelt werden. Da die Symmetrie in verschiedener Weise in der weiterführenden Schule Thema ist, wird Ihr Kind bereits in der Grundschule an das Phänomen herangeführt.

Erfahrungen mit Symmetrie hat es schon vorher gemacht: Erinnern Sie sich an die Bilder, bei denen auf eine Seite Farbe getropft wird, ehe das Blatt gefaltet wird? Hier erleben Kinder erste Beispiele für Symmetrie.

In der Grundschule beschäftigt es sich vor allem mit der Achsensymmetrie. Die Symmetrieachse durchschneidet eine Figur so, dass beide Seiten deckungsgleich sind. Ebene Figuren wie Dreieck, Rechteck, Quadrat können mehrere Symmetrieachsen besitzen.

Um das Prinzip zu verstehen, üben die Kinder meist mithilfe eines Handspiegels die Spiegelachse von Gegenständen oder Bildern zu finden. Oft lernen sie auch, dass sie durch Falten herausfinden können, ob eine Figur achsensymmetrisch ist.

Neben der Achsensymmetrie gibt es die Drehsymmetrie, die vorhanden ist, wenn eine Figur nach dem Drehen um einen Drehpunkt und mit einem bestimmten Drehwinkel deckungsgleich mit sich selbst ist, wie die Flügel einer Windmühle.

Der Natur auf der Spur

Achsensymmetrie gibt es nicht nur bei künstlich hergestellten Dingen wie Schildern, Verpackungen, Bildern, sondern auch in der Natur. Wie wäre es mit einem Spiegel-Spaziergang im botanischen Garten oder im Wald. Suchen Sie alle nach Blättern oder Blüten, die achsensymmetrisch sind.

Textaufgaben verstehen und lösen

Textaufgaben sind eigentlich nichts anderes als kleine Geschichten, in denen der Ausgang nicht erzählt wird, sondern errechnet werden muss. Dennoch sind Textaufgaben vielen Kindern ein Graus und sie schrecken schon zurück, wenn sie sehen, dass in einer Aufgabe nur Text vorkommt.

Versuchen Sie Ihrem Kind daher von der ersten Textaufgabe an zu erklären, dass eine Textaufgabe eine Geschichte ist. Diese Herangehensweise hilft ihm, sich die Situation vorzustellen, die in der Textaufgabe beschrieben wird, und die richtigen Schlüsse zu ziehen, was es rechnen muss.

In der Schule lernt Ihr Kind verschiedene Wege, Textaufgaben zu lösen. Versuchen Sie, ihm einen dieser Wege nahezubringen. Ob das nun ein Pfeilbild, ein Rechenbaum, eine Tabelle oder eine Skizze ist: Lassen Sie sich von Ihrem Kind und/oder der Lehrkraft das Prinzip erklären und üben Sie es mit Ihrem Kind.

Pfeilbild   **Zeichnung**

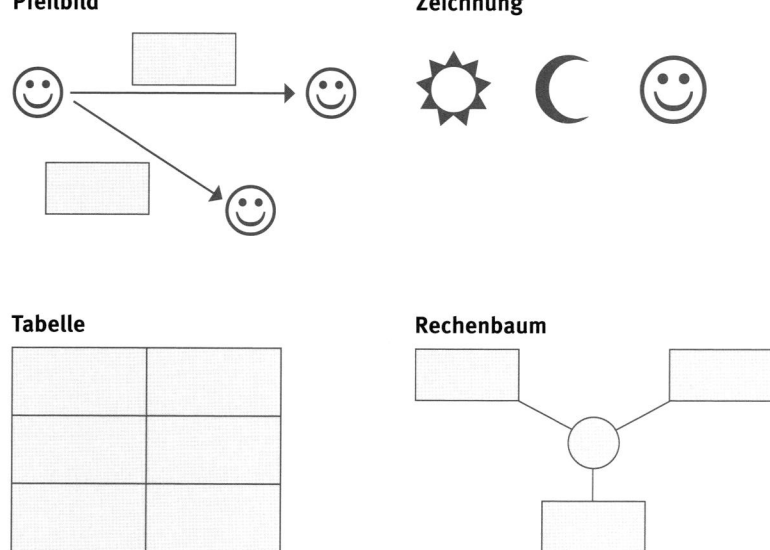

Tabelle   **Rechenbaum**

Hilfreich ist grundsätzlich, wenn Ihr Kind sich zu der Geschichte ein Bild macht – im Kopf oder auf dem Papier.

Beispielaufgabe

Lena hat zehn Sammelkarten. Sie gibt ihrer Freundin Anna zwei Karten und ihrer Schwester Sara drei Karten ab. Wie viele Karten hat Lena übrig?

Die erste Hürde in der Aufgabe ist, die Zahlwörter in Ziffern zu übersetzen und als wichtig für die Aufgabe zu erkennen.

Die nächste Hürde ist, die richtige Rechenoperation zu finden.

Stellt Ihr Kind sich vor, wie Lena der Freundin zwei Karten und der Schwester drei Karten übergibt, wird ihm schon klar, dass Lena nun weniger Karten hat. Damit weiß es, dass es subtrahieren muss.

Trainieren Sie mit Ihrem Kind von der ersten Textaufgabe an ein festes Verfahren zur Lösung der Textaufgaben. Es gewöhnt sich daran und geht sicherer an komplexe Aufgaben heran. Zu diesem Verfahren sollten folgende Schritte gehören:

1. Die Aufgabe genau lesen, und zwar Wort für Wort. Das gilt auch für die Frage, manchmal ist hier noch eine Information versteckt.
2. Die wichtigen Informationen unterstreichen (Zahlen blau, Hinweise auf Rechenoperationen rot).
3. Sich die Situation vorstellen und eventuell aufmalen.
4. Den Rechenweg überlegen und die Aufgabe ausrechnen.
5. Kontrollieren, ob das Ergebnis zur Aufgabe passt, und die Antwort formulieren.

Lassen Sie Ihr Kind zu Situationen im Alltag eigene Textaufgaben erfinden, die die Freunde oder Familienmitglieder lösen müssen. Dabei bekommt es ein Gefühl dafür, wie Aufgaben gestellt werden, und kann sie leichter verstehen.

Schlüsselbegriffe

Es gibt einige Formulierungen in Textaufgaben, die indirekt auf die Rechenoperation verweisen, üben Sie diese mit Ihrem Kind. Lassen Sie sie auf Kärtchen schreiben und wie Merkwörter lernen oder selbst Aufgaben damit erstellen.

Ein und jeder: Hinweise auf Zahlen

Subtraktion: hat übrig, weniger als, gibt ab, bleibt noch, hat noch

Addition: mehr als, hat jetzt, bekommt dazu

Multiplikation: hat x-mal so viel, hat doppelt soviel

Division: jeder hat, jeder bekommt, verteilt an, gibt jedem, die Hälfte, hat halb so viel

Mit Größen rechnen

Rechnen ist kein Selbstzweck und es ist eher selten, dass Ihr Kind außerhalb der Schule nur mit Zahlen rechnen muss, ohne eine Bezugsgröße. Daher lernt Ihr Kind in der Grundschule auch, mit Größen zu rechnen, sie zum einen umzurechnen, aber auch mit ihnen zu rechnen, wie Sie es beim Backen, Bezahlen oder bei der Zeitplanung tun.

Diese Größen sollte Ihr Kind kennen*

Geld:
100 ct (Cent) = 1 € (Euro)

Längen:
1 km (Kilometer) = 1000 m (Meter)
1 m = 100 cm (Zentimeter) / 1 cm = 10 mm (Millimeter)
1 m = 10 dm (Dezimeter) / 1 dm = 10 cm

Gewicht:
1 t (Tonne) = 1000 kg (Kilogramm)
1 kg = 1000 g (Gramm) / 1 g = 1000 mg (Milligramm)
Hohlmaße (Liter): 1 l (Liter) = 1000 ml (Milliliter)
1 dl (Deziliter) = 0,10 l = 100 ml

Zeit:
1 Jahr = 12 Monate = 365 Tage (auch 366 Tage)
1 Monat = 28 bis 31 Tage
1 Tag = 24 h (Stunden)
1 h = 60 min (Minuten)
1 min = 60 s (Sekunden)

* am Ende der Grundschulzeit!

Das reine Rechnen mit Größen fällt den Kindern meist bis auf das Rechnen mit Zeitangaben nicht so schwer. Schwierig wird es, wenn sie Größen umrechnen und eben Zeitpunkte oder Zeitspannen errechnen sollen, da für die Größen unterschiedliche Umrechnungsmaßstäbe gelten. Am schwersten fällt Kindern, mit der Zeit zu rechnen, da sie hier nicht auf das eingeübte Dezimalsystem zurückgreifen können. Daher ist es so wichtig, dass Ihr Kind frühzeitig das Prinzip der Zeit versteht, auch wenn es noch gar nicht rechnen kann. Auf dieser Erfahrung kann es aufbauen und die neuen Informationen einordnen. Gehen Sie daher bereitwillig auf den Wunsch Ihres Kindes nach einer eigenen Armbanduhr oder einem eigenen Wecker ein, auch wenn es die Uhr noch nicht sicher lesen kann. So eine eigene Uhr ist ein Ansporn. Achten Sie aber darauf, dass es sich um eine Uhr mit Ziffernblatt handelt, damit Ihr Kind sich an die Grundlagen gewöhnt.

Das Geheimnis des erfolgreichen Rechnens mit Größen ist, die Einheiten sicher zu beherrschen und in Beziehung zu setzen. Üben Sie die Einheiten mit Ihrem Kind, greifen Sie Anlässe aus dem Alltag auf, um ihm zu zeigen, wie Liter gemessen werden und welche Maßeinheiten es sonst gibt. Je besser es sich die Größen vorstellen kann, umso leichter fällt es ihm, damit zu rechnen. Das bedeutet nicht, dass Ihr Kind schon mit Liter oder Euro, Kilogramm oder Meter rechnen soll, ehe die Themen des Unterrichts sind. Durch den Umgang mit diesen Größen eignet es sich Grundwissen an, auf dem es aufbauen kann.

Rechnen mit Zeit

Mit Zeit rechnen bedeutet meist, eine Zeitdauer oder Zeitspanne zwischen zwei Zeitpunkten auszurechnen. Ihr Kind lernt solche Aufgaben in der Regel, mit einem Pfeilbild zu lösen.

Beispiel:
Der Zug fährt um 12.30 Uhr los und kommt um 14.45 Uhr an. Wie lange ist er unterwegs?

Eine andere Möglichkeit, diese Aufgaben zu rechnen, ist dieses schrittweise Addieren.

Beispiel:
Wie lange ist der Zug zwischen 15.38 Uhr und 20.15 Uhr unterwegs?

$$15.38 + \qquad 22 \text{ min} = 14.00 \text{ Uhr}$$
$$16.00 + \qquad 4 \text{ h} = 20.00 \text{ Uhr}$$
$$20.00 + \qquad 15 \text{ min} = 20.15 \text{ Uhr}$$
$$22 \text{ min} + 4 \text{ h} + 15 \text{ min} = 4 \text{ h} + 37 \text{ min}$$

Mit Komma rechnen

Spätestens, wenn Ihr Kind beginnt, mit Größen zu rechnen, begegnen
ihm die ersten Kommazahlen. Zu Beginn wirken sie auf viele Schüler erschreckend, weil sie nicht wissen, wie sie nun auch noch das
Komma einordnen sollen. Wenn Sie jedoch erklären, dass es nur dazu
dient, die größere Einheit von der kleineren zu trennen – also Euro,
Cent und Kilogramm, Gramm – wird es sich schnell damit anfreun-
den. Dann muss es noch lernen, wie es mit den Kommas bei den verschiedenen Grundrechenarten umgeht, und schon fühlt es sich auch in
diesem Teil der Mathematik wohl.

Bei der Addition und Subtraktion ist das Rechnen mit Kommazahlen
ohnehin nicht sehr schwer, weil der Platz des Kommas immer gleich
bleibt und Ihr Kind nur darauf achten muss, dass es die Zahlen bei
schriftlichen Rechenverfahren so untereinanderschreibt, dass die
Kommas direkt untereinander stehen.

Kniffelig wird es, wenn in den Aufgaben Zahlen mit verschiedenen
Maßeinheiten angegeben werden, zum Beispiel 300 g und 3 kg. Hier
ist eine Umrechnung erforderlich, die in den meisten Schulen in das
Ermessen des Kindes gestellt wird. Es kann also sowohl 0,300 kg + 3,000

kg rechnen als auch 300 g + 3000 g. Wichtig ist, dass Sie Ihrem Kind erklären, wie die Umrechnung funktioniert und dass gegebenenfalls die Nullstellen vor oder hinter dem Komma ergänzt werden müssen: 300 g sind dann 0,300 kg und 3 kg sind dann 3,000 kg.

Etwas schwieriger sind die Multiplikation und die Division mit einer Kommazahl, allerdings nur auf den ersten Blick, da in der Grundschule noch keine Kommazahlen miteinander multipliziert werden. Eine Aufgabe könnte sein, 1,45 · 4 zu rechnen, Komplizierteres wie 1,45 · 3,25 jedoch wird noch nicht verlangt.

Multiplikation und Division mit Kommazahlen

Es gibt zwei Wege, Kommazahlen zu multiplizieren:

1. Umwandlung in eine Zahl ohne Komma und Rückverwandlung in eine Kommazahl
Bei diesem Verfahren werden beispielsweise kg in g umgewandelt:
  3,456 kg · 5 =   3456 g · 5 = 17280 g = 17,280 kg
17,280 kg : 5 = 17280 g : 5 =   3456 g =   3,456 kg

2. Rechnen mit dem Komma
Das Komma wird bei der schriftlichen Multiplikation an der Stelle übertragen, an der von der Zahl vor dem Komma auf die Zahl nach dem Komma gewechselt wird.

3,456 kg · 5 = 17,280 kg

17,280 kg : 5 = 3,456

<u>15</u>
 22
 <u>20</u>
  28
  <u>25</u>
   30
   <u>30</u>
    0

Das kleine Einmaleins beherrschen

Zu den Dingen, die Ihr Kind am Ende der Grundschulzeit im Schlaf beherrschen sollte, gehört das kleine Einmaleins. Das heißt aber nicht, dass es die Malreihen wie Gedichte aufsagen soll. Sondern es muss die einzelnen Aufgaben und Umkehraufgaben sowie das Ergebnis kennen und daraus blitzschnell auch die Geteiltaufgabe bilden können. Das hört sich nach einer Mammutaufgabe an. Allerdings beginnt Ihr Kind damit meist in der zweiten Klasse, sodass bis zum Ende der vierten Klasse viel Zeit ist, die 100 Aufgaben (zehn pro Zahl) zu üben.

Wichtig ist, dass Ihr Kind die Grundlage des Malnehmens versteht, damit ihm klar wird, dass die Malreihe eine einfache Darstellung einer langen Plusaufgabe ist und dass ihm die Malreihe erlaubt, in größeren Schritten zu zählen.

Ihr Kind erlebt das bereits, wenn Sie Dinge in Zweierschritten zählen. Hat es dieses Prinzip verstanden, fällt es ihm leicht, es auf größere Schritte zu übertragen. Bilden Sie, wenn Sie größere Mengen zählen müssen, für Ihr Kind sichtbar kleine gleich große Mengen und zählen sie diese entsprechend, zum Beispiel Packungen mit vier Adventskerzen: 4, 8, 12 … oder drei Schokohasen: 3, 6, 9 …

Natürlich muss Ihr Kind die Einmaleinsreihe lernen und die Ergebnisse schnell aufzählen können. Wichtig ist aber auch – und das geht manchmal unter –, dass Ihr Kind die Aufgaben dazu kennt, dass 3, 6, 9 nicht wie ein Gedicht verankert sind, sondern als Ergebnisse der Aufgaben $1 \cdot 3 = 3$, $2 \cdot 3 = 6$, $3 \cdot 3 = 9$ …

Nutzen Sie jede Gelegenheit, ein oder zwei beliebige Einmaleinsaufgaben abzufragen, auf dem Fahrrad zur Schule oder in der Warteschlange im Freibad.

Ich sehe eine Zahl ...

Damit das Üben kurzweiliger wird und noch mehr Spaß macht, können Sie statt der Aufgabe auch „Ich sehe eine Zahl ..." spielen.

Schauen Sie sich um: Zahlen stehen überall. Wählen Sie eine Zahl aus (zum Beispiel 18, weil sie in den Öffnungszeiten eines Geschäfts auftaucht) und sagen Sie: „Ich sehe eine Zahl, die passt in die 6er-Reihe."

Ihr Kind kann nun Ergebnisse raten (Meinst du 12?) oder auch Aufgaben (Meinst du 2·6?). Sie werden sehen: Diese Art, das Einmaleins zu üben, wird Ihnen so geläufig, dass Ihr Kind schon am Ende der dritten Klasse ein Mal-Rechenmeister ist.

Sobald Ihr Kind die Division durchnimmt, sollten Sie ergänzend zu den Einmaleinsaufgaben auch die Gegenaufgaben stellen, zum Beispiel: Wie viel ist 24 : 6?

Manche Schulen empfehlen 1 x 1-Poster, auf denen alle 100 Aufgaben verzeichnet sind. Das sollten Sie eher als Hilfsmittel und für Übungen nutzen, es aber nicht über den Lerntisch zu hängen. Dann gewöhnt Ihr Kind sich daran, dort nachzuschauen – und das dauert in jedem Fall länger, als wenn es die Aufgabe auswendig kann.

Diagramme erstellen

Auch in der Mathematik lernt Ihr Kind, eigene kleine Diagramme, Tabellen und Schaubilder zu verwenden. Wichtig ist dabei vor allem, dass es versteht, wie Diagramme aufgebaut sind, dass es eine waagerechte und eine senkrechte Leiste gibt, die die Informationen angeben, und dass die vorhandenen Informationen entsprechend eingetragen werden müssen.

Meist sollen die Schüler aus Textaufgaben Tabellen erstellen, je nach Schulbuch müssen sie auch Säulen- oder Balkendiagramme zeichnen.

Ermitteln Sie mit Ihrem Sohn oder Ihrer Tochter, welche beiden grundsätzlichen Informationen in dem Text, zu dem die Tabelle erstellt werden soll, vorhanden sind. In dem Beispiel unten sind es Kinder und Haustiere. Zeigen Sie ihm/ihr, wie er/sie auf einer Leiste (der senkrechten am besten) die Anzahl der Kinder eintragen oder einzeichnen kann und auf der waagerechten Leiste die Haustiere.

Beispiel
In Pedros Schulklasse haben 15 Kinder ein Haustier. Die Lehrerin hat gefragt, wer welches Haustier hat. 3 Kinder haben ein Kaninchen, 6 einen Hund, 4 einen Vogel und 2 eine Katze.

Tabelle:

	Kaninchen	Hund	Vogel	Katze
Kinder	3	6	4	2

Balkendiagramm: Säulendiagramm:

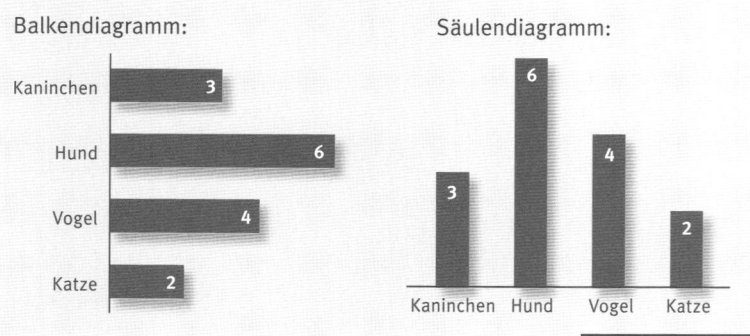

Sie können das grundsätzliche Verständnis von Diagrammen fördern, indem Sie bei Spielen mit Strichlisten arbeiten oder gemeinsam Spiele wie Schach oder Schiffe versenken spielen, bei denen Ihr Sprössling sich an den waagerechten und senkrechten Linien orientieren muss.

Mathematische Fachbegriffe verwenden

Wie im Fach Deutsch ist auch in der Mathematik wichtig, dass der Schüler die Fachsprache am Ende der Grundschulzeit beherrscht, damit er versteht, was in einer Aufgabe verlangt wird und wovon die Lehrer in der weiterführenden Schule sprechen.

Mathematische Fachbegriffe

Addition	Plusrechnen
Summand	Zahlen, die addiert werden
Summe	Ergebnis der Addition
Subtraktion	Minusrechnen
Minuend	Zahl, von der subtrahiert wird
Subtrahend	Zahl, die subtrahiert wird
Differenz	Ergebnis der Subtraktion
Multiplikation	Malrechnen
Faktor	Zahlen, die multipliziert werden
Produkt	Ergebnis der Multiplikation
Division	Geteiltrechnen
Dividend	Zahl, die geteilt wird
Divisor	Zahl, durch die geteilt wird
Ecke	Ecke einer Fläche oder eines Körpers
Seite	Seite eines Körpers
Winkel	Maß für die Ecke
Kante	Kante eines Körpers
Radius	Länge vom Kreismittelpunkt bis zur Kreislinie
Durchmesser	Länge der Linie, die von einer Kreislinie zur nächsten durch den Kreismittelpunkt führt; zweifacher Radius

Je eher Ihr Kind sich angewöhnt, diese Fachbegriffe zu verwenden, umso besser. Viele Schulen verzichten darauf, um die Kinder nicht noch zusätzlich zu verwirren. Häufig nutzen sie das letzte Halbjahr der Grundschule, um diese Begriffe einzuführen und zu vertiefen.

So anstrengend das auch klingt: Diese Begriffe muss Ihr Schulkind auswendig lernen. Sie können ihm helfen, indem Sie mit ihm gemeinsam Lernmittel erstellen, mit denen das Lernen Spaß macht. Bei einem Wörter-Memory zum Beispiel müssen die Wortpaare gefunden werden. Vielleicht können Sie Ihr Kind auch motivieren, ein Lernposter zur Mathematik zu erstellen, auf dem alle Begriffe mit passenden Aufgaben und/oder Zeichnungen stehen.

Wenn das Rechnen Probleme bereitet

So wie bei der Rechtschreibung gibt es auch in der Mathematik Kinder, die leichte Probleme haben, die mit ein wenig Üben behoben werden können, und Kinder, die grundsätzliche Probleme haben und eine besondere Förderung benötigen. Falls Sie den Verdacht haben, dass Ihr Kind größere Schwierigkeiten hat, sprechen Sie die Lehrer und Ihren Kinderarzt an und lassen Sie Ihr Kind auf eine Rechenschwäche (auch: Dyskalkulie) testen.

Hinweise auf eine Rechenschwäche können sein:

- Ihr Kind hat schon in der ersten Klasse keinerlei Vorstellung von Zahlen, hält zum Beispiel 38 für größer als 1000, weil es länger klingt.
- Ihr Kind verwechselt auch nach der zweiten Klasse noch Einer- und Zehnerstellen bei mehrstelligen Zahlen und vertauscht beim Schreiben ständig die Ziffern (es schreibt zum Beispiel bei der 47 zuerst die 7 und dann die 4).
- Ihr Kind hat nach der zweiten Klasse keine Vorstellung vom Zahlenraum, dass die Einer immer die Ziffern 1 bis 0 sind und diese Ziffern in den Zehnern wieder auftauchen: 1, 11, 41 ...
- Ihr Kind kann nach der ersten Klasse Vorgänger und Nachfolger nicht bestimmen.

- Ihr Kind lehnt alles ab, was mit Zahlen zu tun hat, will nicht bezahlen, möchte keine eigene Uhr, fragt nicht nach Taschengeld.
- Ihr Kind spielt ungerne Spiele, in denen Zahlen vorkommen und es erforderlich ist, sich zu orientieren wie beim Puzzeln.

All diese Verhaltensweisen bedeuten nicht zwingend, dass Ihr Kind eine Rechenschwäche hat. Treffen jedoch mehrere Punkte auf Ihr Kind zu, sollten Sie Rücksprache mit dem Lehrer halten und sich erkundigen, wie er die mathematische Entwicklung Ihres Kindes einschätzt.

Fremdsprachen

Seit einigen Jahren lernen Kinder schon in der Grundschule eine Fremdsprache. Ziel ist dabei vor allem, ihnen ein Gefühl für die Sprache und die Bedeutung einer Fremdsprache zu vermitteln. So lernt der Schüler spielerisch und mit Spaß, einfache Wörter und Sätze zu verstehen.

Für den Fremdsprachenunterricht in der Grundschule gibt es keinen einheitlichen Bildungsstandard wie für Mathematik und Deutsch. Die Hinweise in diesem Kapitel gehen auf eine Auswertung der Lehrpläne und Vorgaben der Bundesländer zurück, die sich noch stark im Wandel befinden.

Erkundigen Sie sich daher in der Schule, wie und was dort unterrichtet wird und welche Erwartungen an Ihr Kind gestellt werden.

Lebensweisen in anderen Ländern kennen

Eine Fremdsprache ist nicht nur eine unbekannte Sprache im Vergleich zu der, die Familien zu Hause sprechen. Sie ist auch die Sprache, in der sich Menschen in anderen Ländern unterhalten. Das soll Ihr Kind im Fremdsprachenunterricht der Grundschule lernen – nicht nur, aber auch mit Blick darauf, dass die Welt durch die Vernetzung im Internet und die Reisemöglichkeiten immer kleiner wird und es heute kaum noch einen Sprachraum gibt, in dem nur eine Sprache gesprochen wird.

Sie können Ihr Kind vor allem dadurch unterstützen, dass Sie offen sind für das, was es Ihnen über andere Länder berichtet, aber ebenso für Erfahrungen, die in Ihrer Umgebung mit Fremdsprachen möglich sind. Auch über die Sprache hinaus, die es in der Schule lernt.

Nutzen Sie Angebote in Ihrer Umgebung oder im Urlaub, in denen Ihr Kind eine andere Lebensweise, vor allem aus den Ländern, in denen seine Fremdsprache gesprochen wird, kennenlernen kann. Der Nachbar hat einen französischen Austauschschüler? Laden Sie ihn ein und lassen sie ihn von seinem Land und dem Leben dort berichten! Eine Delegation der britischen Partnerstadt ist zu Besuch in Ihrer Stadt? Nutzen Sie deren Präsentationsveranstaltungen, um Ihrem Kind zu zeigen, wie die Menschen in Großbritannien leben.

Sprechen Sie über Lebensweisen

Nutzen Sie die Gelegenheit, beim Vorlesen eines Buches oder beim Anschauen eines Filmes aus anderen Ländern mit Ihrem Kind darüber zu sprechen, wie sich das Land von Ihrem Heimatland unterscheidet: was in dem Land anders ist, was dort gegessen wird, wie dort gefeiert wird. Bei vielen Medien handelt es sich um Übersetzungen, die ganz nebenbei einen Eindruck vom Alltag in anderen Ländern vermitteln.

Die Bedeutung von Fremdsprachen verstehen

Die meisten Kinder erleben schon in der Kita, dass es Menschen gibt, die andere Sprachen sprechen. Oft erfahren sie bereits, dass es schwierig ist, sich zu verständigen, wenn es keine gemeinsame Sprache gibt. In der Schule lernt Ihr Kind, dass die Fremdsprache, die es lernt, eine Möglichkeit ist, miteinander über Sprachgrenzen hinweg in Kontakt zu kommen.

Sie können diesen Lernprozess dadurch unterstützen, dass Sie Ihrem Kind Erlebnisse ermöglichen, bei denen es mit seinen wenigen Fremd-

sprachenkenntnissen mit Menschen aus anderen Ländern Kontakt aufnehmen kann. Natürlich kann es sich nicht jeder leisten, ins Ausland
zu verreisen. Aber auch ein Ausflug über die Grenze oder der Besuch
eines multinationalen Festes vermittelt ein Gefühl dafür, welche Rolle
Fremdsprachen haben.

Fremdsprachen im Alltag suchen

Wenn Ihr Kind ein Grundverständnis für Fremdsprachen erworben hat,
wird es begierig nach fremdsprachigen Wörtern im Alltag suchen. Gehen
Sie darauf ein und machen Sie mit. Sie werden erstaunt sein, wie viele
französische oder englische Wörter im Alltag genutzt werden – denken
Sie nur an Computer oder Restaurant!

Vielleicht haben Sie die Gelegenheit, eine französische oder englische
Brief- oder Mailpartnerschaft mit einer anderen Familie über einen
privaten Kontakt oder einen Kontakt im Internet aufzubauen. Ein solcher Austausch von Alltagserlebnissen zeigt Ihrem Kind in seinem
Umfeld, wie wichtig Fremdsprachen sind, die übergreifend die Ver-
ständigung ermöglichen und Kulturen verbinden.

Einfache Grammatikregeln verstehen

Welche Grammatikregeln Ihr Kind in welchem Umfang lernt, hängt
davon ab, in welchem Bundesland Sie leben und welches Konzept dem
Fremdsprachenunterricht Ihrer Schule zugrunde liegt. Manche Schulen
halten sich noch an die ursprüngliche Idee, die Sprache lediglich über
die gesprochene Sprache zu vermitteln, andere führen Grammatikregeln ein und lassen die Kinder diese in Hausaufgaben üben.

Hier sollten Sie genau hinschauen, was in der Schule Ihres Kindes verlangt und gewünscht wird. Sie dürfen aber auch einen Blick auf die

weiterführenden Schulen in Ihrem Umfeld und deren Erwartungen werfen und gegebenenfalls bei der Lehrkraft Ihres Kindes nachfragen, in welcher Weise diese Erwartungen in ihren Unterricht einfließen.

Das vorrangige Ziel der Grundschule ist, die Struktur – also die Grammatik – der Fremdsprache durch Zuhören und Anwenden zu erlernen, ohne die Regeln zu benennen. So, wie Ihr Kind sich auch die Muttersprache angeeignet hat. Es sollte also einen einfachen Satz bilden können, ohne dass es erklären muss, wo Subjekt oder Objekt stehen, welche Artikel benutzt werden oder Ähnliches.

Sprache lernen durch Hören

Ihr Kind lernt die Grammatik der Fremdsprache durch Zuhören, das heißt: Je mehr es hört, umso besser lernt es sie. Sollten Sie also selbst beispielsweise Englisch sprechen, lesen Sie Geschichten in der Originalsprache vor. Falls Sie nicht sprachsicher sind, greifen Sie auf Hörspiele und Hörbücher zurück oder spielen Sie bei der Wiederholung des Lieblingsfilms von der DVD den Text auch mal auf Englisch ab.

Kleine Gespräche führen

Natürlich wird von Ihrem Kind in der Grundschule nicht erwartet, dass es sich auf Englisch oder Französisch unterhalten oder gar seine Wünsche in der Fremdsprache äußern kann. Es geht vielmehr darum, gängige Höflichkeitsfloskeln oder Fragen anzuwenden oder darauf zu antworten, zum Beispiel: „Can you help me, please?" „Yes, I can." oder „What's your name?" „My name is Angelina." Also ähnliche Redewendungen zu beherrschen, wie sie jeder Anfänger lernt, der einen Crashkurs vor dem Urlaub macht. Während Erwachsene diese Floskeln lesen und sprechen, hört Ihr Kind sie und lernt sie dadurch, dass es sie nachspricht und im Gespräch mit dem Tischnachbar anwendet.

Die größte Freude machen Sie Ihrem Kind, wenn Sie auf seine Sprachversuche auch in der Fremdsprache antworten. Werfen Sie einen Blick in sein Schulbuch oder in ein Wörterbuch in der Fremdsprache, wenn Sie unsicher sind. Sie erweitern Ihren eigenen Horizont und motivieren Ihr Kind, weitere Fragen, Sätze und Redewendungen zu lernen und anzuwenden.

Gängige Fragen und Sätze

- What's your name? My name is ...
- What's his/her name? His/her name is ...
- How are you? I'm fine, thank you.
- Who is this? This is my mother.
- How old are you? I'm eight.
- Where are you from? I come from Germany.
- Can you help me, please? Yes, I can. No, I can't.
- What are your hobbies? My hobby is riding.

Anweisungen und kurze Mitteilungen verstehen

Ihr Kind lernt im Fremdsprachenunterricht vor allem dadurch, dass es die Fremdsprache hört und die Anweisungen der Lehrkraft umsetzt. Auf diese Weise versteht es immer mehr Sätze und spezielle Ausdrücke. Die Didaktik des Fremdsprachenlernens in der Grundschule ist so ausgerichtet, dass die Lehrkraft ihre Anweisungen häufig wiederholt und entsprechende Gesten macht, sodass die Kinder sie verstehen können.

Für Ihr Kind ist es besonders schön, wenn es solche Anweisungen zu Hause nutzen kann oder wenn es sie auch zu Hause hört. Dadurch bekommt es das Gefühl, dass das schulische Lernen sinnvoll ist. Und es übt, die Anweisungen zu verstehen. Fragen Sie die Lehrkraft Ihres Kindes, ob sie Ihnen eine Liste der Anweisungen, die sie immer wieder nutzt, zur Verfügung stellen kann. Setzen Sie diese Anweisungen zu Hause ein, wenn sie sinnvoll passen.

Beispiele für Anweisungen und Aussagen

Good morning!	Guten Morgen.
Have a nice day!	Einen schönen Tag!
Open the window, please.	Öffne bitte das Fenster.
Very good.	Sehr gut.
Let's go!	Lass(t) uns gehen.
Sit down, please.	Setz dich bitte.
Stand up, please.	Steh bitte auf.
Stop talking, please.	Hör bitte auf zu reden.
Say it again, please.	Sag das bitte noch einmal.
Speak louder, please.	Sprich bitte lauter.
Here is the worksheet.	Hier ist das Arbeitsblatt.
Listen to my story.	Hör dir meine Geschichte an.
Look at this picture.	Schau dir das Bild an.
Let's sing a song!	Lass(t) uns ein Lied singen.
Happy birthday!	Herzlichen Glückwunsch zum Geburtstag.
Show me the ...	Zeig mir das/den/die ...
That's not right.	Das ist nicht richtig.

Einen kurzen Text vorlesen

Für die Fremdsprache in der Grundschule gibt es noch keine einheitlichen Bildungsstandards, die Anforderungen sind von Bundesland
zu Bundesland unterschiedlich. In einigen Bundesländern sollen die
Kinder am Ende der Grundschule in der Lage sein, einen kurzen Text
in der Fremdsprache vorzulesen, wenn die in dem Text enthaltenen
Wörter bekannt sind.

Richtige oder falsche Aussprache

Wenn Ihr Kind lesen üben soll, klären Sie unbedingt mit der Lehrerin, ob
Sie die Aussprache korrigieren sollen oder nicht. Unter Umständen bremsen Sie sonst den Elan Ihres Kindes, das froh ist, die ungewohnten Buch-
stabenkombinationen zu lesen und dabei nicht noch auf die richtige
Aussprache achtet.

Erkundigen Sie sich bei der Lehrkraft, welche Anforderungen sie und
der Lehrplan Ihres Bundeslandes stellen, um es weder zu überfordern
noch zu wenig zu erwarten. Nichts ist schlimmer, als dass ein Schüler
mit seinem neu erworbenen Wissen nicht wahrgenommen wird.

Möchte Ihr Kind Ihnen einen Text aus dem Schulbuch vorlesen, lassen
Sie es lesen und freuen Sie sich mit ihm. Wenn Sie gemeinsam üben
möchten, fremdsprachige Texte zu lesen, nutzen Sie nur das Schulbuch
oder die von der Schule vorgegebenen Materialien, da diese auf den
Wortschatz abgestimmt sind.

Kurze Texte schreiben

Wie beim Lesen kurzer Texte in der Fremdsprache, ist auch die Erwar-
tung, dass ein Kind schon in der Grundschule kurze Texte schreiben

soll, weit gefasst. Während die Kinder in einem Bundesland bereits eigene Texte schreiben sollen, beschränken sich andere Bundesländer darauf, vorgegebene Texte abzuwandeln, zum Beispiel die Farbe, das Land, das Tier oder den Körperteil zu verändern.

Wenn Sie Ihr Kind dabei zur Seite stehen möchten, müssen Sie also die Fremdsprache selbst nicht in Wort und Schrift beherrschen können. Wichtig ist, dass Sie die Aufgabenstellung genau lesen und nach Beispielsätzen auf der Seite oder im Buch suchen. Auch hier ist es hilfreich, wenn Sie schon zu Beginn des Fremdsprachenunterrichts das Gespräch mit der Lehrkraft suchen und erfragen, welche Anforderungen sie mit Blick auf das Schreiben von Texten stellt.

Beispiel für eine Schreibaufgabe

Eine Schreibaufgabe kann beispielsweise so aussehen, dass Bilder zu sehen sind mit den passenden Vokabeln und darunter Farbkleckse mit den entsprechenden Farbbezeichnungen.

Ihr Kind findet einen Mustersatz wie „The ball is blue" und soll nun vergleichbare Sätze zu den Bildern bilden. Auf diese Weise übt es den Satzbau, ohne dass die Grammatik thematisiert wird.

Einen Grundwortschatz besitzen

Ein Ziel hat der Fremdsprachenunterricht in der Grundschule auf jeden Fall: Ihr Kind soll einen Grundwortschatz in der Fremdsprache aufbauen, den es in den späteren Jahren erweitern kann. Dabei können Sie es dadurch unterstützen, dass Sie versuchen, die neu erworbenen Vokabeln in den Alltag einzubinden, zum Beispiel um „the green crayon" bitten, wenn Sie den grünen Buntstift meinen und Ihr Kind gerade die Farben gelernt hat. Besonders freuen sich Kinder, wenn sie die englischen Zahlen anwenden können. Also achten Sie darauf, dass Ihr Kind Gelegenheit zum Zählen bekommt, wenn es die Zahlen gelernt hat – und wenn es nur nachzählt, ob alle Gläser im Schrank stehen oder alle Spielfiguren eingepackt wurden.

Wortschatzthemenfelder

Zahlen, vor allem: one, two, three, four, five, six, seven, eight, nine, ten

Farben, z.B.: white, black, blue, yellow, green, red, brown, grey, orange, pink

Familie, vor allem: mother, father, brother, sister, grandma (grandmother), grandpa (grandfather), aunt, uncle, parents, son, daughter

Körper, z.B.: head, mouth, nose, ear, eye, hair, body, arm, hand, leg, knee, foot

Kleidung, z.B.: jeans, trousers, shoes, socks, t-shirt, jacket, dress, pullover

Wohnen, dazu gehört z.B.: bedroom, house, kitchen, bathroom, living room, bed, table, chair

Schule, z.B.: black board, pencil, pen, ruler, rubber, desk, teacher, pupil, schoolbag

---

Unabhängig vom Wortschatz, der in der Schule vermittelt und erwartet wird, können Sie Ihrem Kind wo immer möglich, Begriffe in der Fremdsprache beibringen. Es wird diese Chance mit Freude aufgreifen und die neuen Wörter womöglich zum Erstaunen der Lehrkraft bei nächster Gelegenheit in der Schule einbringen. Für Sie ist das zugleich eine gute Möglichkeit, Ihr Kind beim Einkauf, beim Spaziergang oder Ausflug zu beschäftigen. Es spricht auch nichts dagegen, dass Sie ein Wörterbuch in der Fremdsprache mit sich führen, wenn Sie selbst nicht sicher sind, wie die fremdsprachigen Wörter lauten.

Englische Gedichte und Lieder

Wenn Sie gern singen, stöbern Sie in Ihren Liederbüchern nach Liedern in der Fremdsprache. Erinnern Sie sich zum Beispiel an „Old MacDonald had a farm"? Hier erweitert Ihr Kind ganz nebenbei seinen Wortschatz – und schon wieder haben Sie eine (lange) Autofahrt überbrückt.

Lassen Sie sich von Ihrem Kind die englischen Lieder beibringen, die es in der Schule lernt, und gratulieren Sie ihm am Geburtstag mit einem „Happy birthday"-Ständchen.

Es gibt auch einige empfehlenswerte CDs mit Liedern in der Fremdsprache. Und zu manchen gängigen Kinderliedern gehören sogar fremdsprachige Strophen, denken Sie nur an „Bruder Jakob". Es lohnt sich also durchaus, Ihren Liederschatz mit neuen Augen zu betrachten.

Sachunterricht

Viele Kinder bezeichnen den Sachunterricht als Lieblingsfach, weil dort Dinge aus ihrer Umwelt und ihrem täglichen Leben aufgegriffen werden: die Tiere und Pflanzen in der Umgebung, die Familie, die Städte und Flüsse in der Region.

Für den Sachunterricht in der Grundschule gibt es derzeit noch keine einheitlichen Bildungsstandards, die folgenden Themen beruhen auf einer Auswertung der Vorgaben der Bundesländer. Es ist daher möglich, dass die einzelnen Themen mehr oder weniger stark aufgegriffen werden, wichtig sind sie dennoch alle und in irgendeiner Form begegnen sie Ihrem Kind im Laufe der Grundschulzeit.

Die persönliche Familiengeschichte kennen

Ihr Kind ist einerseits mit Veranlagungen auf die Welt gekommen, die in Ihrer Familie liegen, und andererseits werden seine Einstellungen, seine Werte und seine Sicht auf die Welt davon bestimmt, was es bei Ihnen und in Ihrer gesamten Familie erlebt. Im Laufe der Grundschulzeit sollte Ihr Kind daher seine persönliche Familiengeschichte kennenlernen und verstehen, wie eine Familienchronik aufgebaut ist.

Adoptionsfamilien

Falls Ihr Kind adoptiert ist und dies nicht weiß bzw. aus Ihrer Sicht nicht wissen soll, sollten Sie sich rechtzeitig mit dem Thema beschäftigen, um ihm Antworten zu geben, die Sie beide zufriedenstellen und die nicht zu einem späteren Zeitpunkt zu Enttäuschungen und Misstrauen führen.

In vielen Grundschulen erstellen die Kinder Familienstammbäume, die zurückreichen bis zu den Großeltern, damit sie lernen, wie die verwandtschaftlichen Beziehungen sind. In den heutigen Patchworkfamilien ist das nicht so einfach wie zu Zeiten, als Familien noch einen klassischen Werdegang hatten. Aber wenn sich Ihr Kind in der Schule mit seiner Familiengeschichte beschäftigt, kann das auch ein guter Zeitpunkt sein, um über die Zusammensetzung der Familie zu sprechen.

Ihr Familienstammbaum

Dass Ihr Kind sich mit der Familiengeschichte in der Schule beschäftigt, kann auch für Sie der Startschuss sein, einen Familienstammbaum zu erstellen. Im Internet gibt es Vorlagen dafür, aber schöner ist es natürlich, wenn Ihr Kind einen solchen Stammbaum malt und die Familienmitglieder einzeichnet oder Bilder von ihnen aufklebt.

Lassen Sie es die Daten (Geburts- und Hochzeitsdaten, Geburtsnamen) selbst recherchieren, so bekommt es einen guten Bezug zu den Familienmitgliedern. Gibt es in Ihrer Familie allerdings viele Todesfälle, ist es sinnvoller, wenn Sie die Recherche gemeinsam vornehmen und behutsam erklären, warum beispielsweise Geschwister, Tanten oder Großeltern schon verstorben sind.

Sich in der Heimatregion auskennen

Im Sachunterricht werden neben Wissen über Pflanzen, Tiere und Menschen auch erste geografische Informationen vermittelt. Ihr Kind lernt seine Heimatstadt und die Besonderheiten der Heimatregion kennen, die Flüsse und Baudenkmäler, Seen und Wälder. Und es erfährt, wie die Heimatstadt in Deutschland eingebunden ist.

Nutzen Sie diesen Unterricht, um sich selbst mit den Sehenswürdigkeiten Ihres Ortes oder Ihrer Gegend zu beschäftigen und zu prüfen, wie sicher Sie in Heimatgeschichte noch sind. Besuchen Sie mit Ihrem Kind die Museen und besondere Bauwerke in der Umgebung und lassen Sie sich von ihm aufklären, was Ihren Heimatort auszeichnet. Schon manche Eltern haben erst durch die Hausaufgaben ihrer Kinder erfahren, welche Flüsse durch den Wohn- oder Heimatort fließen, welche berühmten Persönlichkeiten dort haltgemacht haben und welche Rolle der Ort bei wichtigen Ereignissen der Weltgeschichte gespielt hat.

Hauptstädte der 16 Bundesländer

Baden-Württemberg	Stuttgart
Bayern	München
Berlin	Berlin
Brandenburg	Potsdam
Bremen	Bremen
Hamburg	Hamburg
Hessen	Wiesbaden
Mecklenburg-Vorpommern	Schwerin
Niedersachsen	Hannover
Nordrhein-Westfalen	Düsseldorf
Rheinland-Pfalz	Mainz
Saarland	Saarbrücken
Sachsen	Dresden
Sachsen-Anhalt	Magdeburg
Schleswig-Holstein	Kiel
Thüringen	Erfurt

Wenn Ihr Kind die 16 Bundesländer und ihre Hauptstädte lernen muss, haben Sie einen Anlass, sich auch einmal genauer damit zu beschäftigen. Denn – ganz ehrlich – wer kann schon aus dem Stand alle 16 Bundesländer mit ihren Hauptstädten nennen?

Über Gesundheit nachdenken

Zu den höchsten Gütern eines Menschen gehört seine Gesundheit. Ob Ihr Kind sich darüber Gedanken macht und wie diese aussehen, hängt davon ab, wie es Gesundheit in Ihrer Familie erlebt und welche Erfahrungen es mit Krankheiten gemacht hat. Nicht klar ist Ihrem Kind die langfristige Dimension von Gesundheit, dass sich beispielsweise gesunde oder ungesunde Ernährung im Grundschulalter auch erst in einigen Jahren auswirken kann. Deswegen nimmt es Risiken in Kauf und versteht nicht, warum manche Lebensmittel ungesund sein sollen.

Die KIGGS-Studie

„In Deutschland spielen drei Viertel der Kinder im Alter von drei bis zehn Jahren täglich im Freien. Mit zunehmendem Alter lässt sich ein leichter Rückgang erkennen. Dieser dürfte mit veränderten Interessen, aber auch mit zunehmenden Pflichten in der Schule zu tun haben. Über die Hälfte der Kinder der oben genannten Altersgruppen treibt wenigstens einmal in der Woche Sport in einem Verein, wobei dieser Anteil mit dem Alter allmählich zunimmt. Während im Vorschulalter etwas mehr Mädchen als Jungen in einem Verein aktiv sind, ist dies im Grundschulalter genau umgekehrt."

Die KIGGS-Studie ist eine Langzeitstudie des Robert-Koch-Instituts, hier wurden 2003 bis 2006 Tausende Familien nach ihrem Verhalten im Bezug auf die Gesundheit befragt (www.kiggs.de).

Im Sachunterricht der Grundschule wird versucht, den Kindern die Bedeutung der Gesundheit nahezubringen und ihnen zu vermitteln, was sie dazu beitragen können, um selbst gesund bleiben. Die Ernährung gehört ebenso dazu wie die Bewegung. Wichtig ist, dass Ihr Kind lernt, dass es selbst seine Gesundheit mitbestimmen kann. Daher sollten Sie jede Gelegenheit nutzen, ihm den Zusammenhang klarzumachen, wenn es zum Beispiel Bauchschmerzen hat nach schlechter Ernährung oder ihm bei Bewegungen die Glieder wehtun und sie das auf mangelndes Training und zu häufigen Fernseh- und Computerkonsum zurückführen. Versuchen Sie jedoch auf einen belehrenden Ton zu verzichten und die Ursachen mit Ihrem Kind gemeinsam herauszufinden. Eine Selbsterkenntnis hält auch in diesem Fall länger als der gute Rat von außen.

Erklären Sie Ihrem Kind, was Sie tun, um sich und Ihre Familie gesund zu halten, und was es selbst tun kann: zum Beispiel das Pausenbrot zu essen oder regelmäßig zu trinken, mehr mit dem Rad zu fahren oder Ähnliches.

Feste im Jahreskreislauf kennen

„Bald ist Weihnachten", erzählt die siebenjährige Alissa, dabei ist gerade Ostern vorbei und bis zum nächsten Winter ist es noch weit hin. Doch Alissa geht in die erste Klasse, da darf sie noch durcheinanderkommen. Bis zum Ende der Grundschulzeit sollte Alissa (ebenso wie jeder Schüler) verstanden haben, dass es die Jahreszeiten Frühling, Sommer, Herbst und Winter gibt und dass sie in jedem Jahr in einer festen Reihenfolge das Aussehen der Natur prägen.

Das Baumtagebuch

Die heutige Technik erleichtert vieles, was früher nur mit großem Aufwand möglich war, zum Beispiel ein Baumtagebuch. Haben Sie einen besonders schönen Baum im Garten oder in der Nachbarschaft? Dann legen Sie mit Ihrem Kind ein Baumtagebuch an: Gewöhnen Sie sich an, den Baum einmal im Monat zu fotografieren und die Veränderungen seit dem letzten Foto zu beschreiben. Dadurch bekommt Ihr Kind ein Gefühl für den Wandel, für die Unterschiede der Jahreszeiten. Und es übt sogar nebenbei noch, etwas zu beschreiben, wenn Sie ihm den Schreibanteil Ihres Tagebuches überlassen. Lassen Sie es ruhig am Computer schreiben, so können Sie gleich Text und Bild zusammenführen.

In diesen Jahreskreislauf sollte Ihr Kind die gängigen Feiertage einordnen können: Ostern im Frühjahr, Weihnachten, Nikolaus, Sankt Martin im Winter, Halloween und Erntedank im Herbst. Neben diesen Feiertagen können weltanschaulich orientierte Feiertage wichtig sein, zum Beispiel, dass Ihr Kind weiß, wann Allerheiligen oder Allerseelen ist, Jom Kippur oder das Fest des Fastenbrechens oder das Zuckerfest gefeiert werden. Thematisieren Sie neben den Festen, die für Ihre Weltanschauung relevant sind, auch die der anderen Religionen. Damit legen Sie bei Ihrem Nachwuchs den Grundstein dafür, dass auch diese Feste selbstverständlich werden und andere Kulturen zu seinem Gesellschaftsbild gehören.

Familienkalender

Ihr Kind sollte so früh wie möglich erleben, wie Sie mithilfe eines Kalenders den Überblick über den Jahresablauf behalten. Dort können Sie die für Sie wichtigen Feste eintragen oder von Ihrem Kind markieren lassen und die Jahreszeiten durch bestimmte Farben kennzeichnen, sodass es die Festtage auf den ersten Blick in eine Jahreszeit einordnen kann.

Brauchtum einordnen

Ihr Kind wird nicht nur durch Sie und Ihre Familie beeinflusst, sondern auch durch die Umgebung, in der es aufwächst, und die dort üblichen Bräuche, die dem Ort oder der Region seine Identität verleihen.

Bräuche bilden die Wurzeln der Heimat, die Ihrem Kind Halt und Sicherheit gibt, egal, wo auf der Welt es sich gerade aufhält. Das ist der Grund, warum die Schule Ihres Kindes die Bräuche Ihres Ortes in den Jahresablauf einbaut, ob dies der über die Stadtgrenzen hinaus bekannte Laternenlauf zu Sankt Martin ist oder der Rosenmontagsumzug.

Zum Brauchtum gehören auch Gewohnheiten, die sich in Ihrer Kultur oder Ihrer Familie entwickelt haben, regelmäßige Ausflüge oder Mahlzeiten an Festtagen. Sie bilden für Ihr Kind eine Basis, an der es sich orientieren und von der aus es andere Erfahrungen einordnen kann.

Scheuen Sie sich nicht, an Brauchtumsfeiern in Ihrem Ort teilzunehmen, auch wenn der Begriff „Brauchtum" antiquiert und rückwärts gewandt klingt. Es geht dabei um nichts anderes, als die Besonderheiten Ihres Ortes und seiner Geschichte wachzuhalten. Sprechen Sie mit Ihrem Kind über Traditionen in der Familie, die sich über Generationen entwickelt haben, und erklären Sie ihm, dass diese Traditionen die Vergangenheit mit der Zukunft verbinden, weil sie schöne und schwere Zeiten überdauert haben.

Beispiele für Bräuche im Jahresverlauf

Neujahr	Neujahrsbrezel
Dreikönigstag	Sternsinger
Karneval	Rathaussturm, Rosenmontags- oder Faschingsdienstagsumzug, von Haus zu Haus ziehen und singen
Palmsonntag	Palmstock
Ostern	Ostereier bemalen, Ostereier rollen, Osterfeuer
1. April	Aprilscherz
30. April	Freinacht, Walpurgisnacht, Baum aufstellen
1. Mai	Maifahrt, Maiwanderung, Tanz um den Maibaum oder die Maitremse, Maibaum aufstellen, Demonstration zum Tag der Arbeit
Pfingsten	Pfingstbraut
31. Oktober (Reformationstag)	Halloween, Reformationsfest
1. November (Allerheiligen)	Besuch des Friedhofs
11. November	St.-Martins-Spiel, St.-Martins-Umzug
5./6. Dezember	Nikolausabend, Nikolausumzug, Nikolausbesuch
13. Dezember	Luciabraut, Lucienhäuschen
Weihnachten	Baum schmücken, Weihnachtsmarktbesuch, Plätzchen backen

Über Vergänglichkeit nachdenken

Jedes Leben ist endlich, das muss Ihr Kind lernen, selbst wenn es weh-tut. Dafür muss es nicht unbedingt den Tod eines Angehörigen oder Haustieres erleben. Auch wenn es beobachtet, wie Pflanzen verwel-ken, erfährt es, was Vergänglichkeit bedeutet.

Wie Ihr Kind in der Schule auf diese Frage vorbereitet wird, hängt vor allem von den Lehrkräften ab, von ihrem Verständnis von Vergäng-lichkeit und ihrem Umgang damit. Nutzen Sie ergänzend zur Schule und auch unabhängig davon jede Chance, die sich Ihnen bietet, um mit Ihrem Kind darüber zu sprechen, dass nichts ewig währt.

Kinder nehmen mehr wahr, als wir Erwachsenen denken. So spürt Ihre Tochter oder Ihr Sohn, wenn Sie über den Tod eines Menschen trauern, den er/sie womöglich gar nicht kannte. Erklären Sie ihm, warum Sie traurig sind und was der Tod für Sie persönlich bedeutet.

Niemand möchte, dass sein Kind schon früh einen Verlust erleidet. Aber je eher es Strategien findet, um damit umzugehen, umso leichter kann es diese auf spätere Situationen übertragen.

Für ein Kind ist schon das Verwelken der Pflanze, die es selbst ge-zogen hat, oder der Defekt eines Lieblingsspielzeugs ein Verlust, auf den es je nach Persönlichkeit mit Trauer oder Wut reagiert. Gehen Sie auf die Gefühle ein und helfen Sie ihm, eine Möglichkeit zu finden, damit umzugehen, indem es darüber spricht, indem es ein Bild von der Pflanze oder dem Spielzeug malt, ein Modell baut oder eine Ge-schichte für sein Abschiedsbuch schreibt. Suchen Sie mit Ihrem Kind neue Wege und lassen Sie sich auf seine Ideen ein, Kinder sind in solchen Momenten oft kreativer als wir Erwachsene, die wir schon Scheinnormen für den Umgang mit Trauer verinnerlicht haben.

Mein Abschiedsbuch

Abschiede begleiten Ihr Kind durchs Leben. Je eher es lernt Abschied zu nehmen und für sich einen Weg findet, die Erinnerung festzuhalten, umso besser. Eine Möglichkeit ist ein Abschiedsbuch, in das es bei Abschieden, die dauerhaft sind – beim Umzug oder beim Defekt eines Spielzeugs, beim Abschied von einem Urlaubsfreund oder beim Tod eines Haustieres – etwas zu der Situation malt oder aufschreibt. Auf diese Weise geht die Erinnerung nicht verloren, was für ein Kind eine tröstliche Vorstellung ist.

Die Vielfalt von Kulturen wahrnehmen

Ihr Kind wächst in einem Land auf, das von verschiedenen Kulturen bestimmt wird, und zwar in jeder Region. Die meisten Kinder erleben die Vielfalt der Kulturen täglich im Umgang mit ihren Mitschülern und ihren Freunden. Da wird hier zu einem Fastenbrechen eingeladen und in einer anderen Familie zur Kommunionfeier. Während einige Familien kein Schweinefleisch essen, wird es in einer anderen Familie womöglich auf unbekannte Art im Wok zubereitet.

Kultur wird bestimmt von dem, was für eine Gruppe Menschen typisch ist und seit vielen Generationen übermittelt wurde. Das gilt für die Religion ebenso wie für die Art zu wohnen, für die Ernährung, die Sprachgewohnheiten und die vielen ungeschriebenen Regeln.

Medien über andere Kulturen

Es gibt eine Fülle von CDs, Hörspielen und Büchern, in denen Ihr Kind erfahren kann, was andere Kulturen ausmacht. Wichtig ist, dass es begreift, dass auch die Bräuche anderer Kulturen ihren Ursprung haben und respektiert werden müssen.

Besonders zu empfehlen ist zum Beispiel das Hörspiel „Kinder aus aller Welt" aus der Reihe „Wieso? Weshalb? Warum?", in dem ein Professor mit zwei Außerirdischen um die Welt reist und die Lebensgewohnheiten in unterschiedlichen Ländern und Kulturen erforscht. Auch Erwachsene erfahren hier noch viel Neues.

Viele typische Merkmale der Kulturen haben Einzug in unseren Alltag gehalten: Wir essen ganz selbstverständlich Pizza und Döner, feiern Halloween und nehmen Rücksicht auf muslimische Kollegen im Ramadan. Für Ihr Kind sind viele Dinge selbstverständlich, vieles muss es noch lernen und vor allem muss es die verschiedenen Bräuche und Sitten den Kulturen zuordnen, um sich in einem anderen kulturellen Umfeld entsprechend zu verhalten.

In den meisten Schulen gehört die Kulturvielfalt zum Alltag, sie wird gelebt und dabei auch besprochen. Nutzen Sie darüber hinaus Gelegenheiten, einen Einblick in andere Kulturen zu bekommen, wie den Tag der offenen Moschee oder Feste der Kulturen, bei denen Ihr Kind Speisen, Tänze und Bräuche aus verschiedenen Nationen erleben kann. Ziel ist zum einen, das Wissen über die Vielfalt der Kulturen zu erweitern, aber auch, Ängste und Vorbehalte gar nicht erst aufkommen zu lassen – in einer Lebensphase, in der Ihr Kind noch voller Neugier steckt und gar nicht genug Anregungen bekommen kann.

Mimik und Körpersprache verstehen

Sprechen bedeutet mehr als Worte oder Sätze auszusprechen. Der Gesichtsausdruck, die Körperhaltung und der Klang geben den Worten und Sätzen erst ihre Bedeutung. Kinder beginnen im Grundschulalter, diese Zusammenhänge zu durchschauen. Deswegen hat Ihr Kind Sie früher manchmal falsch interpretiert, wenn Sie genervt oder verärgert „Toll!" gerufen haben. Ihr Kind hat nur das Wort gehört und nicht erkannt, dass Sie mit Körper, Stimme und Gesicht das Gegenteil ausgedrückt haben.

Kinder lernen Mimik und Körpersprache zu verstehen, indem sie ihre Umwelt, vor allem die Eltern, beobachten und sich wie bei der Sprachaneignung eigene Theorien bilden, was welcher Gesichtsausdruck bedeuten könnte. Je stimmiger Sie sind, je besser also Gesichtsausdruck, Körpersprache und Stimme zu dem passen, was Sie sagen, umso leichter lernt Ihr Kind diese „Geheimsprache" kennen.

In der Schule lernen Kinder meist an Bildbeispielen, dass es versteckte Botschaften gibt, die sie nur durch aufmerksames Beobachten und Hören entziffern können. Umso wichtiger ist es, dass es bei Ihnen zu Hause diese nicht gesprochene Sprache „live" lernt. Sprechen Sie beispielsweise beim Anschauen eines Filmes oder Buches darüber, was ein Kind mit seinem Gesichtsausdruck sagt. Holen Sie doch die alten Bilderbücher noch einmal hervor und schauen Sie sie gemeinsam mit Ihrem Kind auf besondere Gesichtsausdrücke und Körperhaltungen durch. Versuchen Sie von den Zeichnungen auf die Geschichte zu schließen, dabei ergibt sich automatisch auch ein Gespräch darüber, wie Sie und Ihr Kind „geheime" Botschaften vermitteln.

Sich in der Natur zurechtfinden

Für viele Kinder ist es heute nicht mehr selbstverständlich, sich täglich in der Natur zu bewegen – und wenn ist es oftmals eingezäunte „Natur": ein Spielplatz, ein Park, ein Garten. Einen Ausgleich dazu bietet der Naturkundeunterricht in der Schule, der einen großen Raum des Sachunterrichts einnimmt. Hier lernen die Schüler einheimische Pflanzen und Tiere in ihren Einzelheiten und Besonderheiten kennen. Wo möglich, versuchen die Lehrkräfte, die Natur anfassbar ins Klassenzimmer zu bringen oder den Kindern mit entsprechenden Aufgaben zu eigenen Erfahrungen zu verhelfen.

Nehmen Sie auch solche Hausaufgaben Ihres Kindes ernst und unterstützen Sie es, wenn es verschiedene Blätter sammeln oder die Entwicklung einer Pflanze über ein halbes Jahr hinweg dokumentieren soll. Gerade solche langfristigen Aufgaben gehen im Alltag manchmal unter, dabei wecken sie bei Ihrem Sohn oder Ihrer Tochter ein grundlegendes Verständnis für die Veränderungen in der Natur.

Bestimmungsbücher helfen auf die Sprünge

Ganz ehrlich: Können Sie noch sicher einen Ahornbaum von einer Erle unterscheiden? Oder einen Sperling von einer Meise? Wissen verkriecht sich eben, wenn es nicht ständig gebraucht wird. Um es aus der Erinnerung hervorzukramen, helfen Bestimmungsbücher, in denen Pflanzen und Tiere abgebildet, benannt und erklärt werden.

Gewöhnen Sie sich an, ein solches Buch, das es in verschiedenen Größen und Ausführungen gibt – sogar als App für das Smartphone – beim Spaziergang immer dabeizuhaben. So können Sie oder Ihr Kind gleich nachschauen, welche Bäume und Blumen, Käfer und Beeren in Ihrem Wald zu Hause sind.

Sind Sie eher ein Spaziergangmuffel? Dann springen Sie über Ihren Schatten und gehen Sie mit Ihrer ganzen Familie in den nächstgelegenen Wald, besuchen Sie den Stausee im Nachbarort oder den Dorfteich und halten Sie gemeinsam Ausschau nach Besonderheiten, die Ihre Tochter oder Ihr Sohn noch nicht kennt und die Ihnen vielleicht auch entfallen sind. Das ist eine gute Gelegenheit, Ihren Fotoapparat wieder einmal hervorzuholen oder die neue Digitalkamera zum Einsatz zu bringen. Damit macht die Natursuche womöglich noch mehr Spaß, vor allem, wenn Sie die Bilder gleich als Geschenk für die Oma verwenden oder ins Internet stellen als Impressionen aus Ihrer Umgebung. Vielleicht erstellen Sie sogar mit Ihrer Familie ein Naturbuch aus Ihrer Region als Geschenk für einen lieben Menschen.

Die Bedeutung der Arbeitswelt verstehen

„Wenn ich groß bin, werde ich Pilot", sagt Jan-Niklas selbstbewusst und ist mit diesem Wunsch nicht allein. Die Vorstellung, ein tolles riesiges Flugzeug zu fliegen, ist für viele Jungen ebenso verlockend wie viele für Mädchen die Vorstellung, auf dem Laufsteg zu posen. Woher sollen Kinder auch wissen, dass hinter den Berufen viel Arbeit steckt? Sie erleben die Arbeitswelt in ihrem Umfeld kaum noch, wenn ihre Eltern nicht gerade selbstständig sind oder es in der Familie oder im Bekanntenkreis Selbstständige gibt.

Die Schule versucht daher, den Kindern die Arbeitswelt in ihren verschiedenen Facetten nahezubringen. Dazu gehören verschiedene Berufe ebenso wie die Bedeutung der Arbeit insgesamt.

Sie haben einen hohen Anteil daran, wie Ihr Kind die Arbeitswelt wahrnimmt und versteht. Erklären Sie ihm, was Sie arbeiten und warum Sie arbeiten, dass es wichtig ist, dass alle Menschen sich engagieren, damit die Gesellschaft funktioniert. Dazu gehört, dass es Menschen mit verschiedenen Berufen geben muss – wollten alle Piloten werden, gäbe es weder Brötchen noch Kleider, weder Eis noch Spielzeug. In dem Zusammenhang können Sie noch einmal darauf hinweisen, dass die Schule eben die Arbeit Ihres Kindes ist, und mit Ihrem Kind spekulieren, was passieren würde, wenn kein Kind mehr zur Schule ginge.

Berufsideen sammeln

Vermutlich hat auch Ihr Kind den einen oder anderen Berufswunsch, der Ihnen unrealistisch vorkommt. Sammeln Sie dennoch seine Ideen von seinem zukünftigen Berufsleben – vielleicht in Form eines Plakates, das Sie mit Ihrem Kind immer wieder ergänzen.

Wenn Sie nach Jahren eine Bilanz ziehen, werden Sie sich wundern, dass sich gar nicht selten ein roter Faden durch die Berufswünsche zieht: etwas mit Technik machen, mit Menschen arbeiten, anderen Menschen helfen, sich nach außen präsentieren und so weiter. Damit haben Sie Jahre später einen guten Einstieg in ein Gespräch über die realistischen Berufswünsche Ihres Kindes.

Nutzen Sie jede Gelegenheit, Ihrem Kind Ihren Arbeitsplatz zu zeigen oder andere Arbeitsplätze zu besichtigen, zum Beispiel bei Firmenbesichtigungen, wie sie häufig angeboten werden, Werksverkäufen oder Besuchen in Ihrem Bekanntenkreis. Achten Sie durchaus auch auf ausgefallene Berufe wie die auf einem Bauernhof oder verweisen Sie darauf, dass auch das Reinigungspersonal einen wichtigen Job ausübt. Wenn es sich ergibt, lassen Sie Ihr Kind erleben, was berufliche Arbeit bedeutet. Viele Handwerksmuseen ermöglichen es, Handwerk selbst auszuprobieren. Denken Sie daran, dass auch Hausarbeit Arbeit ist und ein Beruf sein kann – das ist ein Bereich, der beim Blick in die Arbeitswelt häufig vergessen wird.

Sport

*Während einige Kinder sportlich sehr aktiv sind, mit dem Rad
zur Schule fahren oder zu Fuß gehen, bewegen sich andere
so wenig wie möglich. Dadurch fehlt ihnen nicht nur die für
die Gesundheit nötige Bewegung. Beim Toben, Laufen und
Ballspiel erarbeiten sich Kinder außerdem ein Gefühl für
ihren eigenen Körper – für Entfernungen und Kräfte –, das
im späteren Leben und für das Verständnis mathematischer
oder physikalischer Zusammenhänge wichtig ist.*

Für den Sport gibt es keine Bildungsstandards. Daher wurden die Ländervorgaben und Hinweise von Wissenschaftlern, was Kinder bis zum Ende der Grundschulzeit gelernt haben sollten, ausgewertet und für dieses Kapitel aufbereitet.

Als Radfahrer am Straßenverkehr teilnehmen

In vielen Schulen wird in der dritten oder vierten Klasse eine Fahrradprüfung durchgeführt. Häufig ist sie Voraussetzung, damit Kinder mit dem Rad zur Schule fahren dürfen. Das wird allerdings von Region zu Region sehr unterschiedlich gehandhabt und ist davon abhängig, welche Bedeutung das Fahrrad hat. Während es in einigen Regionen am Niederrhein und im Münsterland zum Beispiel als Fortbewegungsmittel dient, wird es in anderen Teilen Deutschlands eher als Sportgerät gesehen.

Ob eine Fahrradprüfung in Ihrer Schule angeboten wird oder nicht – die Inhalte sind in jedem Fall für Ihr Kind wichtig, wenn es als Radfahrer am Straßenverkehr teilnehmen möchte. Dazu gehört zuallererst, dass es das Fahrrad sicher beherrscht, es mit einer Hand lenken kann, um zu zeigen, dass es abbiegen möchte, es bremsen und das Rad abfangen kann, wenn es ins Rutschen gerät.

Daneben muss Ihr Kind wissen, welche Regeln im Straßenverkehr gelten, dass es auch als Radfahrer an einer roten Ampel – ob Fahrzeug- oder Fußgängerampel – anhalten muss, dass und wann es Vorfahrt achten muss, dass es ein Zeichen geben muss, wenn es abbiegen möchte, und schließlich, dass es auf dem Radweg und in Ausnahmefällen auf dem Gehweg fahren muss.

Kinder lernen durch Vorbild

Ja, auch Radfahren lernt Ihr Kind am „Modell", an Ihrem Beispiel nämlich. Das geht natürlich nur, wenn Sie mit Ihrem Kind Rad fahren und ihm vorleben, auf dem Radweg zu fahren, mit Handzeichen abzubiegen und auf die Verkehrsschilder zu achten. Wenn Sie selbst nicht Radfahren, können Sie Ihr Kind auch beim Autofahren auf die Fahrradprüfung vorbereiten. Erklären Sie ihm die Straßenschilder, die für Radfahrer wichtig sind, wenn sie Ihnen beim Fahren begegnen, das gilt vor allem für:

- Stoppschild
- Vorfahrt-achten-Schild
- Vorfahrtsschilder
- Verkehrszeichen einer Kreuzung mit Rechts-vor-links-Regelung
- Richtungspfeile
- Verbotsschilder für Radfahrer
- Einbahnstraßenschild
- Einfahrt-verboten-Schild

Auch die Kenntnis der Verkehrszeichen gehört zum Basis-Know-how, über das Ihr Kind verfügen sollte, wenn es mit dem Fahrrad in der Stadt unterwegs ist. Ein Zebrastreifen beispielsweise kennzeichnet einen Fußgängerüberweg, und ein Radfahrer, der auf der Straße fährt, muss die Fußgänger ebenso passieren lassen wie ein Fahrzeug.

Nutzen Sie die Chance einer Fahrradprüfung, wenn diese in der Schule Ihres Kindes oder in einer Einrichtung in Ihrer Nähe angeboten wird. Dadurch stellen Sie sicher, dass Ihr Kind die wichtigen Grundlagen lernt – sowohl theoretisch als auch praktisch. Denn zur Fahrradprüfung gehört auch eine Fahrt mit dem Fahrrad nach den vermittelten Verkehrsregeln.

Gleichgewicht halten

„Hey, ich bin ja ein Gleichheitszeichen", stellt die siebenjährige Lea begeistert fest. Sie steht auf einem Bein, hat das zweite Bein und die Arme ausgestreckt und versucht, die Arme so auszubalancieren, dass sie genau gleich hoch sind.

Leas Erkenntnis hat einen wahren Kern, denn es hat sich gezeigt, dass Kinder, die sicher auf einem Baumstamm oder einem Mäuerchen balancieren können, sich leichter in der Mathematik tun und umgekehrt Kinder mit einem nicht ausreichend entwickelten Gleichgewichtssinn häufiger Probleme beim Rechnen haben als Kinder, die spielend das Gleichgewicht halten.

Doch nicht nur für die Mathematik, auch für viele Bewegungsabläufe und nicht zuletzt für das Roller- und Radfahren ist wichtig, dass Ihr Kind ein Gefühl für das Gleichgewicht bekommt. Das eignet es sich schon in den ersten Lebensjahren an, aber auch hier gilt: Erst die Übung macht den Meister. Nicht alles, was ein Säugling oder Kleinkind lernt, beherrscht ein Schulkind automatisch. Da geht es einem Kind nicht anders als uns Erwachsenen, wir rosten auch ein, wenn wir uns lange nicht bewegen und manche Bewegungen nicht mehr machen. Ganz ehrlich: Können Sie noch so locker ein Rad schlagen, wie Sie es mit zehn oder 12 hinbekamen? Oder einen freien Handstand? Kindern geht es ähnlich, sie verlernen Dinge, wenn sie sie nicht regelmäßig üben – auch, das Gleichgewicht zu halten.

Stelzenlauf

Zu den vergessenen Spielen gehört das Stelzenlaufen, bei dem das Gleichgewicht ganz besonders und nebenbei gefördert wird. Hierfür sind keine technischen Errungenschaften erforderlich, sondern nur zwei Stelzen, die leicht aus Holzleisten hergestellt werden können (im Internet gibt es viele Bauanleitungen), aber auch käuflich zu erwerben sind.

Suchen Sie Möglichkeiten, in denen Ihr Kind ein Gefühl für das Gleichgewicht bekommt, lassen Sie es auf einem Baumstamm balancieren oder auf einem Band auf dem Rasen. Probieren Sie ruhig selbst aus, ob es noch klappt. Und wenn ja, dann holen Sie doch das Seilchen oder den Gummitwist wieder hervor. Oder starten Sie einen kleinen Wettbewerb, wer am längsten auf einem Bein stehen kann.

Einfache Erste-Hilfe-Maßnahmen beherrschen

Je weiter sich Ihr Kind aus Ihrem Umfeld fortbewegt und damit aus Ihrem Schutz, umso besser sollte es auf das Leben vorbereitet sein. Dazu gehört auch, dass es kleine Erste-Hilfe-Maßnahmen an sich selbst oder an anderen ausüben kann. Gemeint sind damit so scheinbar einfache Dinge wie ein Pflaster aufzukleben. Das klingt leichter, als es ist, schließlich muss Ihr Kind wissen, dass es die Wundauflage nicht berühren darf und dass es diese Auflage genau auf die Wunde legen sollte und nicht den Klebestreifen. Ehe das Pflaster aufgeklebt wird, sollte die Wunde gereinigt werden, am besten mit Desinfektionsmittel, aber mindestens mit Wasser, damit sich kein Schmutz und keine Steinchen darin befinden. Auch einen Verband kann ein zehnjähriges Kind durchaus schon anlegen, wenn es das einmal ausprobiert hat. Auch einfache Dinge wollen gelernt sein.

Kennt Ihr Kind die Notfallnummern?

In jedem Fall sollte Ihr Kind die beiden Notfallnummern kennen:

110 Polizei
112 Feuerwehr und Erste Hilfe

Zur Ersten Hilfe gehört vor allem, in Situationen, in denen jemand Hilfe benötigt, nicht wegzuschauen, sondern aktiv zu werden, zu versuchen Hilfe zu holen oder den Verletzten anzusprechen, um zu erfahren, was ihm fehlt.

Kinder sind meist sehr hilfsbereit. Wenn sie wissen, wie sie sich in solchen Situationen verhalten können, stärkt das ihre Hilfsbereitschaft. Dabei ist wichtig, dass sie nicht drauflos helfen, sondern sich das Grundprinzip einer jeden Ersten Hilfe einprägen: „erkennen – überlegen – handeln". Für Kinder bedeutet das Handeln dann oft, Erwachsene zu Hilfe zu holen. Aber auch das kann entscheidend sein, wenn sonst niemand den Unfall oder die Notsituation mitbekommen hat.

Sollte in der Schule Ihres Kindes oder in Ihrer Umgebung ein Erste-Hilfe-Kurs für Kinder angeboten werden, nutzen Sie die Chance. Hier wird Ihrem Kind in einer entspannten Situation mithilfe von Rollenspielen und Puppen altersgemäß erklärt, wie es sich in Situationen, in die es durchaus verwickelt werden kann, verhalten sollte.

Sich zur Musik bewegen

Gehört Ihr Kind zu jenen, die schon in der Kita begeistert Rhythmen gestampft und geklatscht haben? Dann ist es sicher fit darin, sich zur Musik zu bewegen, und kann dieses Gefühl für Rhythmus und Wiederkehren bestimmter Abläufe auch in anderen Zusammenhängen sehen. Kinder mit einem guten Rhythmusgefühl erkennen meist auch die Silben von Wörtern, selbst neuen, unbekannten, spielend, und bringen damit eine wichtige Voraussetzung für den Rechtschreibunterricht mit.

Im Sportunterricht geht es weniger darum, einen musikalischen Rhythmus theoretisch zu erkennen, sondern sich entsprechend zu bewegen, größere oder kleinere, schnellere oder langsamere Schrittfolgen zu wiederholen. Nicht alle Kinder können das, meist fehlt ihnen einfach die Übung, weil die Bewegung zur Musik, wie sie in klassischen Spielliedern erwartete wurde, im etwas höheren Alter nicht mehr selbstverständlich ist.

Spiellieder

Spiellieder sind Lieder, zu denen die Sänger sich in irgendeiner Weise bewegen. Was sie dabei tun müssen, ist unterschiedlich: zum Teil nur klatschen, zum Teil bestimmte Bewegungen zu Worten machen. Diese Spiellieder sind ein wenig in Vergessenheit geraten, dabei machen sie auch Grundschulkindern heute noch viel Spaß, wenn die Erwachsenen mitmachen.

Besinnen Sie sich darauf, welche Spiellieder Sie früher gesungen und gespielt haben, fragen Sie Ihre Eltern und Freunde. Sicher taucht so manches aus der Erinnerung auf, vielleicht diese Lieder:

- Ein kleiner Matrose
- Und wer im Januar geboren ist
- Zeigt her eure Füße
- Hab 'ne Tante in Marokko

Stöbern Sie im Internet, unter www.labbe.de (Liederbaum) werden Sie auf jeden Fall fündig.

Sie können Ihr Kind fördern, indem Sie Gelegenheiten schaffen oder nutzen, bei denen es sich zur Musik bewegen kann. Das kann eine Tanzeinlage auf dem Kindergeburtstag sein, aber auch das Kreisspiel auf der Straße, bei dem alle gleichzeitig in die Hocke gehen oder sich in einer bestimmten Schrittfolge fortbewegen. Erinnern Sie sich an die Spiellieder aus Ihrer Kindheit wie „Laurentia, liebe Laurentia mein". Manche sind eher für jüngere Kinder geeignet, aber in den ersten beiden Schuljahren machen Sie Ihrem Kind noch genauso viel Spaß. Wenn nicht, weichen Sie doch auf die Bewegungsspiele aus Ihrer Jugend aus und klatschen Sie zu „Jack saß in der Küche mit Tina" oder „O gonni, gonni, ssa, o gonni". Langeweile kommt dabei garantiert nicht auf und Ihr Kind bekommt nebenbei ein Gefühl für den Rhythmus.

Sich auf verschiedenen Untergründen bewegen

Dominik hüpft auf dem Trampolin am Strand, als sein Urlaubsfreund Jonas auf das Spielgerät zuläuft. Während Dominik seinen Körper auch beim Springen gerade halten kann, droht Jonas im Sand beinahe umzufallen. „Puh, die hätten auch wirklich Bretter hinlegen können", schimpft Jonas und klettert auf das Trampolin.

So unterschiedlich bewegen sich Kinder, wenn sie keinen festen Boden unter den Füßen haben. Jonas quält sich auch auf dem Trampolin ein wenig und versucht das zu überspielen, indem er im Sitzen hüpft.

Für den Erfolg in den entscheidenden Fächern wie Mathematik und Deutsch ist es nicht nötig, dass Ihr Kind sich sicher auf verschiedenen Untergründen bewegen kann. Aber die Erfahrungen helfen ihm sehr, sich in seiner Umgebung zurechtzufinden und seinen Körper anzupassen.

Ermöglichen Sie Ihrem Kind daher, barfuß im Sand oder im Gras zu laufen, den Unterschied zwischen Asphalt und Waldboden zu spüren, mit den Zehen und dem Fuß zu prüfen, wie unterschiedlich sich trockener und nasser Sand anfühlen, über Kieselsteine zu laufen und auch hier zu erleben, dass kleine und große Steine verschieden sind. Wichtig ist nicht nur die Erfahrung, dass es Unterschiede gibt, sondern auch, welche Rolle die Unterschiede für die Sicherheit, den Stand und die Fortbewegung spielen.

Verschiedene Bewegungsarten beherrschen

„Zeige mir, wie du dich bewegst, und ich sage dir, wie fit dein Geist ist!" So könnte ein Sprichwort lauten, das sicher nicht ganz zutrifft, aber doch einen wahren Kern hat. Geistige Beweglichkeit ist eng verbunden mit körperlicher Beweglichkeit: Wer körperlich wendig ist, ist häufig auch im Geiste fitter und schneller in der Lage, eine gedankliche Kehrtwende zu machen.

Auch unabhängig von seiner psychischen Fitness tut es Ihrem Kind gut, wenn es verschiedene Bewegungsarten beherrscht und weiß, wie sie heißen. Solche kleinen Dinge helfen ihm außerhalb des Sportes, wenn es Geschichten verstehen oder gar schreiben soll. Wie soll ein Kind den Unterschied zwischen Treppensteigen und Trampolinspringen beschreiben, wenn es ihn nicht am eigenen Körper gespürt hat?

Wieder heißt es also: Hinaus in die Natur oder auf den Sportplatz, profitieren Sie davon, dass Sie Ihr Kind fördern, indem Sie mit ihm gemeinsam Sport treiben oder Bewegungsspiele machen. Melden Sie Ihr Kind in einem Sportverein an, dort lernt es zusammen mit anderen Kindern, sich schnell und langsam, seitwärts und vorwärts, in kleinen und großen Schritten, als Storch oder Frosch fortzubewegen und bekommt ein Bewusstsein für seinen Körper.

Fischer, wie tief ist das Wasser?

Kennen Sie dieses Spiel noch aus Ihrer Kindheit? Bringen Sie es Ihrem Kind und seinen Freunden bei. Verteilen Sie sich auf einem Rasenplatz. Seien Sie in der ersten Runde der Fischer und geben Sie an, wie tief das Wasser ist und in welcher Art sich die Kinder fortbewegen dürfen.

Das Spiel geht so: Ein Spieler steht am einen Ende des Platzes, das ist der Fischer. Die anderen Spieler stehen am anderen Ende. Einer ruft: „Fischer, wie tief ist das Wasser?" Der Fischer antwortet mit einer Zahl und einer Fortbewegungsart, zum Beispiel: „Fünf Froschhüpfer tief." Die Kinder dürfen nun fünf Froschhüpfer in Richtung des Fischers machen. Wer als Erster den Fischer erreicht hat, hat gewonnen und ist der nächste Fischer.

Musische Fächer

Die musischen Fächer wie Musik oder Kunst geraten oft in den Hintergrund, wenn es um die grundlegenden Fähigkeiten geht, die ein Kind entwickeln sollte, und wenn die Stärken und Schwächen eines Kindes beurteilt werden. Dabei spiegeln diese Fächer grundsätzliche Dinge wider wie Kreativität und Rhythmusgefühl, Verständnis für die Vielfalt der Materialien und den Aufbau von Musik und Kunst, die im späteren Leben immer wieder wertvoll sind.

Auch für diese Fächer liegen keine Bildungsstandards vor, sodass sich die folgenden Schwerpunkte aus der Analyse der Lehrpläne der Bundesländer ergeben haben.

Singen und ein Instrument beherrschen

Musik ist eine Sprache, die Grenzen überwindet und Menschen zusammenführen kann, sie beeinflusst das Gefühl und wirkt vielfältig. Je eher Ihr Kind den Kontakt zur Musik bekommt, umso unbefangener geht es an sie heran, weil es weder E- noch U-Musik kennt, weder richtige Töne noch falsche, sondern nur das spürt, was die Musik in ihm in Gang setzt.

Das erste Mal lernt Ihr Kind schon lange vor der Schule Musik kennen: mit dem Gesang, wenn Sie ihm vorsingen. Hören Sie damit nicht auf, wenn es in die Schule kommt, singen Sie bei Festen und im Auto, auf dem Spaziergang, beim Spülen oder bei der Gartenarbeit – wann immer Ihnen der Sinn danach steht. Sie vermitteln Ihrem Sohn oder

Ihrer Tochter damit das Gefühl, dass Singen gut und immer richtig ist und keine Frage der richtigen oder falschen Töne. Aus dieser Erfahrung heraus kann er/sie in der Grundschule lernen, dass auch gesungene Töne unterschiedlich klingen und manche Lieder nun einmal eine bestimmte Tonreihenfolge verlangen, damit sie so klingen, wie sie klingen sollen.

Beim Spielen eines Instruments lernt Ihr Kind, dass bestimmte Klänge vorgegebenen Finger- oder Tastenkombinationen zugeordnet sind. Dafür muss es keine Noten kennen, in den ersten Klassen wird oft mit einem Farbsystem oder mit Buchstaben gearbeitet, um die Kinder mit einem zusätzlichen Symbolsystem nicht zu verwirren.

Musik als Schlüssel zum Lernen und Leben

In einer Studie der Universität München wurden Schüler, die ein Instrument spielen, und Schüler, die andere Freizeitinteressen haben, miteinander verglichen. Dabei zeigte sich, dass die Musiker:

- Gefühle genauer und intensiver wahrnehmen,
- sich länger konzentrieren können,
- besser mit Stress wie Prüfungen oder schwierigen Situationen umgehen können,
- leistungsbereiter sind, das gilt vor allem für die Mädchen.

Es konnte nachgewiesen werden, dass diese Eigenschaften erst durch die Musik hervorgerufen wurden.

Eine amerikanische Studie hat sogar gezeigt, dass Kinder, die Musik- oder Gesangsunterricht hatten, in Intelligenztests besser abschnitten als jene, die keinen Musikunterricht hatten, was sich am Ende auch in den Noten bemerkbar machte.

Nutzen Sie die Chance, wenn Ihr Kind in der Schule ein Instrument lernt, fördern und fordern Sie es. Das Erlernen eines Instrumentes verlangt Ausdauer, weil gerade am Anfang täglich geübt werden muss. Motivieren Sie Ihre Tochter oder Ihren Sohn, zum Beispiel, indem Sie ihm auf der Flöte vorspielen, wie das Lied nachher klingen könnte. Malen Sie ihr oder ihm aus, wie es sein wird, wenn sie/er beim nächsten Familienfest etwas vorspielt und alle applaudieren. Bestehen Sie notfalls darauf, dass es eine Zeit lang durchhalten muss, nachdem es einmal begonnen hat. Erklären Sie ihm, dass auch das Instrument zum Job gehört und dass das Üben genauso erledigt werden muss wie die Matheaufgaben. Hier sind mitunter starke Nerven gefragt, aber die Mühe lohnt sich.

Noten kennen und verstehen

Die Schrift der Musik sind Noten. Um eine Melodie zu „lesen", muss Ihr Kind Noten lesen können. Dafür muss es ein ganz neues Symbolsystem lernen, das noch komplexer ist als Buchstaben und Zahlen, weil das gleiche Bild (ein liegendes Oval) an verschiedenen Stellen eine unterschiedliche Bedeutung hat. Kein Wunder, dass viele Schulen die Vermittlung des Notensystems zurückstellen.

Ihr Kind wird allerdings kaum darum herumkommen, das System zu erlernen, wenn es in der weiterführenden Schule dem Musikunterricht folgen möchte. Freuen Sie sich daher, wenn bereits in der Grundschule der Aufbau des Notensystems, die Bedeutung der Noten und Notenlängen sowie ihre Namen vermittelt werden. Unterstützen Sie Ihr Kind, wenn es sich schwertut, die Noten auseinanderzuhalten. Suchen Sie die Noten eines Liedes heraus, das ihm besonders gefällt, und fragen Sie es, welche dort vorkommen.

Wenn Sie selbst nach Noten singen oder ein Instrument spielen können, wird das für Sie ohnehin selbstverständlich sein. Beherrschen Sie kein Instrument, nehmen Sie doch den Musikunterricht Ihres Kindes zum Anlass, mit ihm die Noten zu lernen. Beschaffen Sie sich eine Blockflöte und eine Grifftabelle und versuchen Sie sich gemeinsam daran, die Noten in Töne umzusetzen. Das spornt Ihr Kind an, die Noten und ein Instrument zu lernen.

Die Noten im Violinschlüssel

C D E F G A H C

Natürliche und künstlich hergestellte Objekte unterscheiden

Kinder sind heute umgeben von künstlich hergestellten Objekten und Materialien. Welches Kind kennt noch eine Eisenbahn aus Holz oder eine Schüssel aus Ton? Vieles ist aus Kunststoffen hergestellt, deren Inhaltsstoffe und Herkunft sich selbst Erwachsenen nicht erschließen.

In der Schule lernt Ihr Kind, wieder einmal eine Figur aus Steinen oder Kastanien zu basteln und nicht nur zwei Spielsteine zusammenzustecken. So erfährt es, dass natürliche Materialien einzigartig sind, dass jede Baumfrucht und jeder Ast anders geformt sind und Natur durch ihre Einzigartigkeit besticht.

Viele Kinder müssen sich erst daran gewöhnen, dass Gegenstände nicht gerade und einheitlich sind, dass eine handgetöpferte Tonschale nicht wie die andere aussieht und ein Kastanienmännchen auch einmal schief steht. Bestärken Sie Ihr Kind darin, dass diese selbst gemachten Dinge etwas Besonderes sind und wertvoller als all die gleichen Schüsseln oder Plastikfiguren aus dem Supermarkt. Damit helfen Sie ihm, sich von einem Perfektionismus zu lösen, der angesichts der makellosen Spielzeugfiguren und Alltagsgegenstände auftreten kann. Ein solcher Perfektionismus kann zur Gefahr werden, wenn ein Kind – oder Erwachsener – sich darin versteigt, sich selbst ebenso perfektionistisch sehen möchte oder sich als Maßstab des Perfekten sieht. Je häufiger Ihr Kind erlebt, dass unregelmäßige Formen das Besondere sind und nicht perfekte, umso eher gewöhnt es sich daran und umso gelassener kann es aushalten, wenn seine Werke nicht meisterhaft, dafür aber einzigartig sind.

Basteln mit natürlichen Materialien

Achten Sie beim Basteln wenn möglich darauf, dass Sie natürliche Materialien nutzen. Das können Gegenstände sein, die Sie in der Natur gefunden haben, wie Muscheln, Steine, Federn, Blätter, Kastanien, Eicheln, Bucheckern oder Dinge, die auf natürlichen Ressourcen beruhen wie Ton, Filz, Holz. Erklären Sie Ihrem Kind, wie die Materialien aus der Natur entstehen – ein Blick ins Internet hilft Ihnen, falls Sie selbst nicht sicher sind.

Mit verschiedenen Materialien gestalten

Kinder sind Spiegelbilder ihrer Umgebung und so gewöhnen sie sich schnell daran, dass es für alles Schablonen gibt und dass glatte, gerade Gegenstände besonders beliebt sind. Entsprechend beschränken Kinder sich beim Basteln auf Papier, Schere und Klebstoff.

Schulen versuchen darauf zu achten, dass Kinder lernen, auch mit anderen Materialien zu basteln und Dinge zu gestalten. Dabei ist nicht entscheidend, welches Material sie wählen, sondern dass sie erkennen, was sie nutzen können, um das herzustellen, was ihnen im Kopf vorschwebt.

Die große Bastelkiste

Das Schöne an Kindern ist, dass sie alles gebrauchen können und Sie eigentlich keinen Abfall mehr haben. Ob ausgediente Knöpfe oder Joghurtbecher, ob Pappschachteln oder alte Dekorationsgegenstände, ob Laub aus dem Garten oder getrocknete Beeren – wenn Sie es zulassen, kann Ihr Kind alles verwerten.

Schaffen Sie sich eine große Kiste an und schreiben Sie in großen Buchstaben „Bastelkiste" darauf. Lassen Sie Ihr Kind die Kiste so gestalten, dass jeder gleich weiß, hier werden Dinge gesammelt, die noch für Kunstwerke zu gebrauchen sind. Halten Sie es aus, wenn Ihr Sohn oder Ihre Tochter von Nachbarn oder Freunden die unsinnigsten Dinge mitbringt, und denken Sie immer daran, dass das alles seine oder ihre Kreativität fördert.

Dabei erlebt Ihr Kind nicht nur, dass sich jedes Material anders anfühlt, sondern auch, dass es anders verarbeitet werden muss. Frische Blätter von einem Baum oder frisch gepflückte Blümchen lassen sich nur sehr schwer aufkleben, von Steinen oder Muscheln ganz zu schweigen. So lernt Ihr Kind im Handeln, dass es sich im Vorfeld Gedanken machen und dabei viele Dinge berücksichtigen muss. Es lernt aber auch, dass manche Dinge besser oder schlechter zusammenpassen, dass es Farbkombinationen gibt, die es ansprechen oder die ihm nicht gefallen.

Beim Basteln mit verschiedenen Materialien entwickelt Ihr Kind ein grundlegendes Know-how von Gestalten und Gestaltung, auf das es später immer wieder zurückgreifen kann.

Dinge skizzieren

In der Kita zeichnen Kinder noch unbefangen und ohne Sorge darum, ob andere erkennen können, was sie zeichnen. Das haben sie sich bei der Einschulung meist abgewöhnt, weil sie erlebt haben, dass ihre Zeichnungen nicht verstanden oder negativ bewertet werden.

Versuchen Sie die Zeichenfreude Ihres Kindes in die Grundschule zu retten und ihm durch Ermunterung und Beispiele zu zeigen, wo es sich verbessern kann und wo es eine Stimmung oder einen Gegenstand schon gut eingefangen hat. Probieren Sie selbst wieder zu zeichnen, beginnen Sie mit kleinen Dingen wie dem Haus vom Nikolaus oder einem Elefanten von hinten und lösen Sie sich auch von dem, was Ihnen als Kind gesagt wurde. Lassen Sie Ihrer Hand freien Lauf und lassen Sie sich überraschen, zu welchen zeichnerischen Leistungen Sie fähig sind. Diese Bereitschaft motiviert auch Ihr Kind, zu Stift und Papier zu greifen und etwas zu zeichnen.

Montagsmaler

Haben Sie als Kind gelegentlich die Fernsehsendung „Montagsmaler" angeschaut, in der ein Zeichner einen Begriff malen musste, während die anderen ihn erraten sollten? Machen Sie aus dem Prinzip der Sendung ein Spiel, bei dem der Spaß im Vordergrund steht und Ihr Kind erlebt, wie andere versuchen, mit wenigen Strichen etwas zu zeichnen. Das macht ihm Mut, seine eigenen Fähigkeiten zu erproben, und stärkt enorm das Selbstbewusstsein, wenn sein gemalter Begriff schnell erraten wird.

Wichtig ist, dass Sie – bei Hausaufgaben zum Beispiel – den Eindruck vermeiden, die Skizze oder Zeichnung Ihres Kindes sei falsch. Es hat sie schließlich so ausgeführt, wie es seinem Bild und seinen Fähigkeiten entspricht. Vermutlich geht es ihm wie vielen Erwachsenen: Es weiß einfach nicht, wo genau die Pfoten eines Hundes an den Körper stoßen – wer schaut sich schon einen Hund daraufhin an?

Besorgen Sie sich in der Bücherei, im Buchhandel oder auf dem Flohmarkt eine Zeichenschule, in der Schritt für Schritt erklärt wird, wie ein Tier oder Gegenstand gezeichnet wird. Lernen Sie gleichzeitig mit Ihrem Kind aus dem Buch, das ermuntert Ihr Kind und zeigt ihm, dass auch Sie nicht gleich Meisterleistungen vollbringen. Im Internet gibt es übrigens sehenswerte und anschauliche Kurse zum Zeichnen von Strichmännchen (stickfigure), vielleicht fangen Sie auch erst einmal damit an.

Kunstwerke betrachten

Dennis liegt mit seinem Vater auf dem Boden eines Museums vor einem Bild. „Das Blaue da rechts ist ein Vogel", vermutet Dennis und sein Vater meint: „Das könnte aber auch eine Gießkanne sein." „Aber zu dem Gitter passt besser ein Käfig", sinniert Dennis weiter.

Dennis hat das Glück, dass sein Vater Freude an Kunst hat und selbst gerne darüber nachdenkt, was ein Künstler mit seinem Bild sagen wollte und warum er das Bild gemalt haben könnte. So fördert Dennis Vater die Kreativität seines Sohnes, aber auch die Fähigkeit, die Dinge hinter den Dingen zu sehen. Das ist es, was Kunst ausmacht. Sie ermöglicht dem Betrachter, Dinge in Bildern und Skulpturen zu sehen, die der Künstler aus seinem Erfahrungshintergrund in das Bild gebracht hat und die mit den Erfahrungen eines Kindes ganz anders wirken können.

In der Grundschule bleibt häufig wenig Zeit, den Kindern Kunst auf diese Weise nahezubringen – dabei werden in dem Alter der Kunstgeschmack und das Interesse an Kunst entscheidend geprägt. Noch ist Ihr Kind offen und neugierig genug, um sich auf Neues einzulassen und es zu hinterfragen. Aber es ist auch schon geistig rege genug, um von dem, was es ganz direkt sieht, Abstand zu nehmen und hinter die Dinge zu blicken.

Ermöglichen Sie Ihrem Kind daher Kunsterfahrungen – das müssen weder Besuche in berühmten Museen noch Werke namhafter Künstler sein. Eine Visite im Atelier der Künstler vor Ort und sogar ein großformatiger Kalender mit Kunstwerken regt die Fantasie Ihres Kindes an und schafft einen Anlass, um darüber ins Gespräch zu kommen, wie das Werk entstanden ist, warum der Künstler es erdacht hat und was er den Betrachtern wohl sagen wollte.

Kunst-Stücke

Falls Sie selbst wenig bewandert in Kunst und Malerei sind, greifen Sie doch auf Fernsehsendungen oder Hörspiele zurück, in der Leben und Werk eines Künstlers kindgerecht aufbereitet werden. Davon können Sie ebenso profitieren, zum Beispiel von den CDs aus der Reihe „Kunst-Stücke" (Igel-Record), in der in Form eines Hörspiels das Leben des Autors und seine künstlerische Entwicklung in Zusammenhang mit einem bekannten Werk gebracht werden.

Persönlichkeit

Schule wird oft nur in Verbindung mit fachlichen Kenntnissen und Fähigkeiten gesehen. Doch ein Kind lernt in der Schule viel mehr, indem es sich selbst in Beziehung zu anderen beobachtet und erlebt. Daher ist der Blick auf die Persönlichkeit des Kindes genauso wichtig wie der auf Grundfertigkeiten wie Lesen, Schreiben oder Rechnen. Schließlich ist die Persönlichkeit wichtig, um auch die wenig erfreulichen Seiten des Lebens auszuhalten und bewältigen zu können.

Ein positives Bild von sich selbst haben

Sie kennen das von sich selbst: An manchen Tagen fühlen Sie sich nicht gut und schon scheint alles schiefzugehen. Das Bild, das Sie in dem Moment von sich haben, beeinflusst Ihren Blick auf die Welt und auch auf die Menschen um Sie herum.

Während bei Ihnen dieses Gefühl nur für eine kurze Zeit anhält, weil Sie im Grunde Ihres Herzens mit sich ganz zufrieden sind, muss Ihr Kind dieses positive Bild von sich selbst erst noch entwickeln. Es muss lernen, seinen Körper, sein Aussehen, seine Eigenschaften, Fähigkeiten und Interessen anzunehmen und als wichtigen Teil seiner Einzigartigkeit zu verstehen.

Dieses Gefühl von Einzigartigkeit entwickelt Ihr Kind nur im Austausch mit anderen. Daher ist es so wichtig, dass Sie ihm so konkret wie möglich sagen, was es gut kann, was es auszeichnet und was besonders an ihm ist. Ihr Kind wächst nun einmal nicht in einem luftleeren Raum auf, es erlebt, dass Kinder oder auch Erwachsene, die schlank sind oder gut singen können, besonders beachtet werden. Wer möchte nicht gern beachtet werden?

Erwachsene können sich mit anderen Besonderheiten trösten, Kinder können das noch nicht. Sie benötigen dabei Hilfe. Ehrliche Hilfe! Es hilft Ihrem Kind nicht, wenn Sie ihm versichern, dass es doch genauso gut singen kann, wenn es nun einmal keine wirksame Stimme hat und sich schwertut, die richtigen Töne zu treffen. Spätestens, wenn ein Lehrer oder Chorleiter es kritisiert, fällt es in ein Loch, zweifelt von dem Moment an Ihre Kompetenz an und verliert das Vertrauen in Ihre Urteilsfähigkeit.

Erklären Sie Ihrem Kind stattdessen lieber, dass jeder andere Talente hat oder Fähigkeiten, die er besonders gut beherrscht, und suchen Sie gemeinsam nach Dingen, die es besonders gut kann.

Nicht jeder ist ein Topmodel

Vor allem Mädchen im Grundschulalter lieben Castingsendungen. Sie neigen dazu, sich an den „Stars" zu orientieren, und träumen davon, auch eines Tages auf dem Laufsteg zu gehen. Es kann darüber gestritten werden, ob solche Sendungen für Kinder geeignet sind oder nicht, ob es sie überhaupt geben sollte oder nicht. Entscheidend ist, dass Sie als Eltern im Blick behalten, ob Ihr Kind sich an diesen Vorbildern orientiert und versucht ihnen nachzueifern. Das gilt vor allem für die Modelshows, die durchaus dazu führen können, dass Mädchen ein negatives Bild von ihrem Körper entwickeln, weil sie nicht so schlank sind wie die Frauen im Fernseher. Sprechen Sie mit Ihrer Tochter darüber und erklären Sie ihr, dass jeder einen anderen Körper hat und tun sollte, was zu seinem Körper passt. Wer klein ist, wird auch nicht unbedingt Hochspringer, und er kann sich auch nicht groß essen. Wer nicht so dünn ist wie ein Topmodel, sollte sich auch nicht dünn hungern.

Wenn Sie das Gefühl haben, Ihr Kind ist auf dem Weg, ein negatives Bild von sich oder seinem Körper zu entwickeln, sprechen Sie das an. Sammeln Sie mit ihm gemeinsam Dinge, auf die es stolz sein kann: Fähigkeiten, Kenntnisse, Interessen, Leistungen. Schreiben Sie sie ruhig auf, damit Ihr Sohn oder Ihre Tochter in schlechten Momenten, vor denen auch ein Kind nicht gefeit ist, zurückblättern kann.

Loben Sie richtig

Ihr Kind entwickelt ein Bild von sich selbst dadurch, dass Sie es loben oder kritisieren. Das hilft ihm, sich selbst einzuschätzen, und zeigt ihm, wo es an sich arbeiten könnte. Deswegen hilft ihm ein allgemeines Lob wenig. Sie tun Ihrem Kind einen größeren Gefallen, wenn Sie die Dinge, die es gut gemacht hat, hervorheben und darauf hinweisen, wo es sich noch verbessern kann.

Loben Sie also einen Aufsatz beispielsweise nicht pauschal, wenn er gar nicht gut ist. Suchen Sie die Dinge heraus, die Ihr Kind gut gemacht hat, den Anfang vielleicht oder die wörtliche Rede, und geben Sie ihm Tipps, wo es etwas ändern kann.

Teil einer Gruppe sein

Schon vom ersten Tag an lernen Kinder, dass sie Teil einer Gruppe sind, indem Eltern, Geschwister, Gäste sich mit ihnen beschäftigen. Allerdings stehen sie dann meist im Mittelpunkt, was zwangsläufig zu einem verzerrten Bild der Gruppe führt. Es ist eben nicht so, dass sich die Welt um einen Einzelnen dreht, Zusammenleben funktioniert eher wie ein Zahnrad, die Interessen und Bedürfnisse der einzelnen Menschen greifen ineinander und führen zu einem guten Ganzen.

In Ihrer Familie und in der Kita lernt Ihr Kind, sich in eine Gruppe einzufügen – was nicht bedeutet, dass es sich unterordnet. In die Gruppe einfügen heißt vielmehr, sich als Teil einer Gruppe zu sehen, in der es gemeinsame Interessen gibt, aber auch jedes einzelne Gruppenmitglied seine Wünsche und Bedürfnisse hat. Diese Wünsche der Einzelnen kommen mal mehr, mal weniger zum Tragen, wichtig ist, dass sie offen geäußert werden dürfen und dass alle bereit sind, Kompromisse zu schließen. Diese Fähigkeit ist in der Schule noch stärker gefordert als in der Familie. Ihr Kind kann sicher damit umgehen, wenn es bei Ihnen zu Hause erlebt, dass Kompromisse weder Niederlage noch Triumph erzeugen, sondern Freude darüber, dass Sie gemeinsam eine Lösung gefunden haben, mit der alle zufrieden sind.

Je älter Kinder werden, umso größer werden die Gruppen, in denen sie sich bewegen, aber auch die Menschen, die sie umgeben, sind immer weniger frei gewählt. Während Ihr Kind in der Kita noch auswählen kann, neben wem es sitzt, ist es die Regel, dass die Sitzordnung in der Schule vorgegeben wird und es plötzlich neben einem Kind sitzen muss, das es noch nie leiden konnte. Aber auch den Umgang mit Menschen, die es nicht mag, muss Ihr Kind lernen, denn er gehört zum Leben dazu. Bei Kindern bleibt dann der Eindruck zurück, es wäre schlecht, jemanden nicht zu mögen.

Hier sind Sie als Eltern gefragt, Ihrem Kind zu erklären, dass jeder anders ist und dass es immer Menschen treffen wird, die ihm nicht behagen oder mit denen es keine gemeinsame „Wellenlänge" findet. Wichtig ist, diesen Menschen, ob das andere Kinder, Lehrer oder Erwachsene sind, freundlich und offen gegenüberzutreten. Sie wissen selbst, dass das nicht immer leicht ist. Das bedeutet für Sie, dass auch Sie sich ständig beobachten, ob Sie keine abfälligen Bemerkungen über Personen machen, die Ihr Kind ermuntern, sich negativ zu verhalten. Sollte Ihnen dennoch eine entsprechende Bemerkung herausgerutscht sein, sprechen Sie das an, damit zeigen Sie Ihrer Tochter oder Ihrem Sohn, dass auch Sie Fehler machen und zu Ihren Fehlern stehen.

Beispiel für Schulregeln

- Wir gehen höflich, rücksichtsvoll und fair miteinander um!
- Wir haben ein Recht auf störungs- und angstfreien Unterricht und tragen dazu bei!
- Wir achten in unserer Schule auf Sauberkeit und Ordnung!
- Wir vermeiden Gefahren für uns selbst und unsere Mitmenschen!
- Wir wollen schöne und erholsame Pausen!

(Schubert-Schule, Neustadt a. d. Weinstraße;
Quelle: www.schubert-schule-nw.de)

Bereits in der Kita hat Ihr Kind gelernt, dass dort ähnliche oder ganz andere Regeln herrschen als in Ihrer Familie. In der Schule muss es sich auf neue Regeln einstellen, und während die Kita noch ein Schonraum ist und die Fachkräfte mit einem Kind einen Verstoß intensiv besprechen können, wird die Zeit für solche individuellen Erziehungsgespräche in der Schule geringer. Wenn diesen Part nicht ohnehin die Lehrkraft gemeinsam mit der gesamten Klasse übernimmt, gehen Sie mit Ihrem Kind in Ruhe die Schulregeln (meist in Form einer Schul- oder/und Klassenordnung) durch und weisen Sie darauf hin, dass Verstöße gegen diese Regeln Konsequenzen haben können. Erläutern Sie aber auch, warum es diese Regeln geben muss, dass es chaotisch zuginge in der Welt und in der Schule, wenn es keine solchen Regeln gäbe.

Interesse zeigen

Ist Ihnen das auch schon aufgefallen: Wenn Sie sich für etwas interessieren, verstehen Sie plötzlich Dinge, zu denen Sie vorher keinen Zugang gefunden haben. Kindern geht es genauso, daher ist es wichtig, dass sie lernen, sich für etwas zu interessieren. Das hört sich merkwürdig an, denn ein Interesse kommt aus einem heraus, es ist keine

Fähigkeit, die ein Kind sich aneignen kann. Stimmt. Allerdings können Sie die Neugier und die Offenheit, Interesse zu zeigen, bei Ihrem Kind fördern.

„Der Mensch ist ein Gewohnheitstier" sagt der Volksmund, die Grundlage dafür wird schon in der Kindheit gelegt. Das heißt, ein Kind, das von klein auf ständig den gleichen Tagesablauf in immer der gleichen Umgebung mit den gleichen Materialien und den gleichen Menschen erlebt, gewöhnt sich daran. Alles, was anders ist, wird ihm fremd vorkommen und eher als störend empfunden denn als interessant und inspirierend.

Interesse heißt Dabeisein

Das Wort „Interesse" kommt aus dem Lateinischen und bedeutet so viel wie Dabeisein, Mittendrinsein, Dazwischensein. Ein Kind, das Interesse zeigt, ist also mitten im Thema und versteht es dementsprechend auch besser, als wenn es außen steht und nichts mit dem Lernstoff anfangen kann.

Wenn Sie das Interesse Ihres Kindes wecken, fördern und wachhalten möchten, müssen Sie also nichts anderes tun, als abwechslungsreich zu leben. Sie können Ihre Hobbys ausleben, ob Sport oder Musik, ob Sie Enten sammeln oder Flugzeugmodelle bauen, ob Sie gern Museen besuchen oder im Schrebergarten werkeln. Nutzen Sie jede Gelegenheit, um die Neugier Ihres Kindes zu wecken, und greifen Sie jede seiner neugierigen Fragen auf, denn Neugier ist die Grundlage für Interesse. Nur, wer gierig auf Neues ist, kann auch Dinge oder Themen finden, die ihn interessieren.

Es gibt im Übrigen sogar Studien dazu, welche Rolle das Interesse an einem Thema für den Lernerfolg spielt. Sie ahnen es schon: Wer sich für ein Thema interessiert, versteht es besser und hat bessere Noten. Diese Erkenntnis können Sie nutzen, wenn Ihr Kind sich in der Schule mit einem Thema beschäftigen muss, das ihm langweilig und unnütz vorkommt. Suchen Sie einen Bezugspunkt zu seinen Interessen: Es löst gerne Rätsel, dann hilft es ihm, wenn es die Rechtschreibung beherrscht, weil die Rätsel sonst womöglich nicht aufgehen. Es soll sich mit Fläche und Umfang beschäftigen, dann weisen Sie darauf hin, dass es genau diese Rechenarten benötigt, wenn es ermitteln möchte, wie viel Tapete für die Renovierung seines Zimmers nötig ist.

Kurzum: Leben Sie Ihre Interessen, um Neugier und Interesse Ihres Kindes zu wecken, und nutzen Sie die Interessen Ihres Kindes, um sein Verständnis für scheinbar unverständliche Dinge zu fördern.

Mit Gefühlen umgehen

Wer kennt sie nicht, die Sprüche „Indianer kennen keinen Schmerz" oder „Jungen weinen nicht"? Zum Glück sind diese Einstellungen heute Vergangenheit und es ist nicht mehr verpönt zuzugeben, dass einem etwas wehtut oder dass man verletzt ist.

Während das Ziel früher war, Kindern abzugewöhnen, Gefühle wie Trauer, Schmerz, Freude, Glück zu zeigen, geht es heute eher darum, die Gefühle zu zügeln, die andere verletzen könnten, wie Triumph oder Schadenfreude. Kinder müssen Wege finden, ihre Gefühle zum Ausdruck zu bringen, ohne gleich als „Heulsuse" oder „Kicherliese" verschrien zu sein.

Es ist wichtig, dass Kinder ihre Gefühle äußern, das ist keine Frage. Wenn sie traurig sind, sollten sie weinen dürfen, und wenn sie sich freuen und glücklich sind, sollten sie lachen dürfen. Aber Sie wissen selbst, dass es manchmal unangenehm ist, Gefühlsäußerungen bei anderen auszuhalten. Sie haben gelernt, sich dann zurückzunehmen. Kinder sind direkter, verlegenes Lachen oder Hänseln sind häufig Formen, die Beklemmung zu verarbeiten.

Vermitteln Sie Ihrem Kind, dass es seine Gefühle äußern darf – allerdings darf sich niemand dadurch verletzt fühlen oder traurig werden und es muss im Rahmen der Regeln geschehen, die dort gelten, wo es sich gerade aufhält. Für den Klassenraum bedeutet das, dass es nicht vor Freude über eine Note durch die Klasse hüpfen darf, es sei denn, die Regel, dass jeder auf seinem Platz bleibt, wird aufgehoben.

Zum Umgang mit Gefühlen gehört auch, die Gefühle anderer zu erkennen. Darin sollte Ihr Kind fit sein, wenn es in die Schule kommt. Doch jedes Kind entwickelt sich anders, und Sie sollten ein Augenmerk darauf haben, ob Ihres immer versteht, welche Gefühle Sie ausdrücken möchten. Kinder brauchen eine Zeit, bis sie Ironie verstehen und Widersprüche zwischen Mimik, Tonlage und Sprache erkennen, wenn Sie zum Beispiel mit einem entsetzten Gesicht und verkniffenem Ton in der Stimme sagen: „Na, super!", weil etwas heruntergefallen ist. Achten Sie darauf, wie es reagiert. Hört es eher „super" und freut sich oder nimmt es Ihren Gesichtsausdruck wahr und reagiert bedrückt?

Ein Gefühl, das ein Kind wie auch einen Erwachsenen meist überraschend trifft, ist die Wut. Sie kennen das von sich, dass Sie Wut förmlich im ganzen Körper spüren. Umso wichtiger ist es, mit Kindern Wege zu erarbeiten, wie sie die Wut kanalisieren können, damit sie nicht zu Aggression wird und andere zu Schaden kommen.

Jedes Kind muss seinen eigenen Weg finden, mit Wut umzugehen: Manche verarbeiten sie im Kopf in „Kopfgesprächen", andere führen halblaute Selbstgespräche. Wieder andere müssen ihre Wut körperlich auslassen, indem sie ein Blatt Papier wild vollkritzeln, sich ihre Wut aus dem Körper und dem Kopf laufen oder gegen einen Sandsack boxen.

Gefühl ist nicht gleich Gefühl

Es gibt viele Gefühle, die sich zum Teil nur in Nuancen unterscheiden.

- Freude/Glück/Spaß
- Sympathie/Zuneigung/Liebe
- Schmerz
- Trauer
- Enttäuschung
- Wut/Zorn/Ärger
- Verzweiflung
- Unsicherheit/Angst
- Scham
- Verletztheit

Wie geht Ihr Kind mit diesen und anderen Gefühlen um? Sprechen Sie mit ihm darüber, irgendwann wird das in der Schule ohnehin zum Thema werden. Eine gute Möglichkeit, über Gefühle ins Gespräch zu kommen, sind übrigens Smileys – erstaunlicherweise fällt es allen leichter, sie einzusetzen, um ein Gefühl auszudrücken.

Beobachten Sie Ihr Kind, wenn es wütend ist. Sprechen Sie mit ihm, wenn es sich beruhigt hat, wie es mit seiner Wut oder Enttäuschung fertiggeworden ist, und finden Sie gemeinsam andere Wege, wenn der Wutausbruch dazu geführt hat, dass etwas oder jemand anderes verletzt wurde.

Als Grundregel beim Umgang mit Gefühlen gilt: Jeder darf seine Gefühle zeigen, aber dabei nichts zerstören und niemanden in irgendeiner Form verletzen.

Sich selbst Ziele setzen

Ganz ehrlich: Wie oft sind Sie schon einfach drauflos in den Urlaub gefahren? Meist haben Sie sich ein Ziel gesetzt und hatten schon bei der Vorbereitung Freude daran, das Ziel zu erreichen. Sie haben sich vorgestellt, wie Sie am Strand liegen oder in die Berge klettern, wie Sie eine Stadt erobern oder in einer Taverne sitzen und gemütlich essen. Ziele sind nämlich nicht nur ein Punkt am Ende eines Weges, sie motivieren auch – Erwachsene ebenso wie Kinder.

Nicht umsonst gewinnt die zielorientierte Mitarbeiterführung in der Arbeitswelt immer mehr an Bedeutung, nur in der Schule hat dieser Gedanke noch kaum Einzug gehalten. Oder doch? Dort wird als Ziel gesehen, versetzt zu werden. Ein wichtiges Ziel, ohne Zweifel, aber auch ein abstraktes, das weit weg scheint, das Kinder in den ersten Schuljahren gar nicht betrifft und unter dem sie sich wenig vorstellen können. Außerdem ist das Ziel von außen gesteckt. Wichtig ist, dass Ihr Kind lernt, sich selbst Ziele zu stecken. Das bedeutet auch, sie erst einmal zu entdecken, in sich hineinzuhorchen, um herauszufinden, was es gerne möchte, dieses dann zu benennen und sich anzustrengen, es zu erreichen.

Auch das muss Ihr Kind lernen, das ist nichts, was angeboren ist oder sich von selbst entwickelt. Je häufiger Sie von Zielen sprechen – auch von Urlaubszielen –, umso eher versteht Ihr Kind, was es mit einem Ziel auf sich hat und dass es am Ende eines Weges liegt. Bringen Sie schon mit einem Grundschulkind das Gespräch darauf, was Sie sich für Ihr Leben wünschen oder gewünscht haben.

Erwachsene gehen häufig davon aus, dass Kinder noch keine Ziele haben und erst recht keine Visionen für ihr Leben. Dabei wissen viele Kinder sehr genau, wie ihr Leben aussehen soll, dass sie Freunde haben möchten und irgendwann einen Hund, dass sie einen bestimmten Beruf ergreifen oder die nette Lehrerin behalten wollen.

Schon Kinder setzen sich Ziele

Die israelische Politikerin Golda Meir zum Beispiel ärgerte sich als Schülerin der vierten Klasse, dass die Eltern die Schulbücher bezahlen sollten, weil sie mitbekam, dass manche Familien sich die Bücher nicht leisten konnten. Sie wollte auf diese Benachteiligung aufmerksam machen, mietete einen Raum, sammelte Spenden und veranstaltete eine Versammlung, in der sie die Ungerechtigkeit anprangerte.

(nach: Golda Meir „Mein Leben")

Ziele sind kein Selbstzweck, sie motivieren einen und sie können auch Ihr Kind motivieren, wenn es nicht weiterkommt, wenn ihm alles unsinnig erscheint – ein Gefühl, das Sie auch Ihrem Kind zugestehen sollten. In einem solchen Fall ist es gut, wenn Sie mit Ihrem Kind gemeinsam darauf zurückgreifen können, was es sich vorgenommen hat. Zum Beispiel: regelmäßig Klavier zu üben, um bei Opas Geburtstag etwas zu spielen, die Merkwörter immer direkt abzuschreiben, damit es sie lernen kann, um nicht so viele Fehler, in den schönen Geschichten zu machen, jeden Tag eine Einmaleinsaufgabe zu lösen, um der Lehrerin zu zeigen, wie gut es ist.

Entwickeln Sie mit Ihrem Kind einen Zielplan, an dessen Ende ein großer Wunsch steht, der aus vielen kleinen Zielen besteht, die es bis dahin erreichen möchte. Hängen Sie das aktuelle Ziel an eine Pinnwand oder an die Zimmertür, damit Ihr Kind immer wieder daran erinnert wird. Denn kleinen Menschen geht es nicht anders als Erwachsenen – in der Hektik des Alltags geht das Ziel schon mal unter und man fragt sich, warum man sich den Stress gerade antut.

Ausdauer beweisen

Wir leben in einer Welt, in der alles schnell gehen muss und ständig neue Dinge unsere Aufmerksamkeit fesseln. Kinder gewöhnen sich schon früh daran und wir Erwachsenen unterstützen sie dabei, indem wir weiterzappen, wenn ein Film langweilig erscheint, mitten im Spiel etwas Neues beginnen, eine Bastelei beiseitelegen, wenn es so aussieht, als käme nichts Brauchbares heraus. Ja, manche Familien verlassen sogar vorzeitig das Theater oder Kino, weil das Programm nicht so abwechslungsreich ist, wie sie es gewöhnt sind. Ausdauer, also die Fähigkeit, etwas auszuhalten, auch wenn es länger dauert, ist vielen Erwachsenen ebenfalls abhandengekommen.

Dabei ist Ausdauer eine wichtige Fähigkeit auf dem Weg zum Lernerfolg. Nicht jede Aufgabe erschließt sich auf den ersten Blick, mitunter muss Ihr Kind die Aufgabenstellung mehrmals lesen, wichtige Dinge unterstreichen und auf Kleinigkeiten achten, ehe es die Aufgabe lösen kann. Selbst dann ist die Lösung nicht in wenigen Sekunden oder Minuten gefunden. Da braucht es den Willen, die Lösung zu finden, auch wenn das länger dauert. Schauen Sie sich einmal die Klausurthemen für die Abiturprüfung an: Viereinhalb Stunden müssen Schüler sich im Fach Deutsch mit einer Aufgabe beschäftigen, die drei bis fünf Sätze umfasst. Es gibt eben nicht für jede Frage eine Antwort, die in wenigen Minuten gegeben ist.

Doch wie lernt ein Kind Ausdauer? Eigentlich ganz einfach, indem es sich über längere Zeit mit etwas beschäftigt und am Ende das Gefühl hat, dass sich die Anstrengung gelohnt hat. Welche Beschäftigung das ist, ist zweitrangig – das kann ein Bild sein, das sorgfältig ausgemalt wird, eine Bastelei oder Handarbeit, eine längere Geschichte, die vorgelesen wird, der Besuch eines Puppentheaters. Sogar ein Ausflug mit einer längeren Anfahrt trainiert die Ausdauer Ihres Kindes.

Wo Ihr Kind Ausdauer trainiert

Es gibt viele Beschäftigungen, bei denen Ihr Kind ganz nebenbei seine Ausdauer trainiert, zum Beispiel:

- Sport
- Rätsel
- Puzzle
- etwas bauen
- Handarbeiten
- ein Gedicht auswendig lernen
- ein Bild malen
- ein Blumenbeet bestellen

Entscheidend ist, dass die Beschäftigung eine längere Zeit in Anspruch nimmt. Es wird durchaus auch Momente geben, in denen Ihr Kind keine Lust mehr hat oder nicht weiter kann. Sich selbst zu überwinden und trotzdem weiterzumachen, das ist das Geheimnis der Ausdauer.

Entscheidend ist, dass Sie ihm klarmachen, dass es Dinge gibt, die länger dauern, deren Verwirklichung nicht in wenigen Minuten erfolgt. Denken Sie nur daran, wie Sie als Kind für einen Wunsch Ihr Taschengeld gespart haben. Kennt Ihr Sohn oder Ihre Tochter das überhaupt? Oder gibt es nicht immer jemandem, der ihm/ihr seinen Wunsch innerhalb kürzester Zeit erfüllt? Kein Wunder, dass Kinder sich heute wie im Märchen fühlen und enttäuscht sind, wenn etwas nicht sofort gelingt.

Enttäuschungen aushalten können

„Das Leben ist kein Ponyhof" heißt es landläufig – das stimmt und das müssen auch Kinder lernen. Gar nicht so leicht, wenn Ihr Kind behütet aufwächst und ihm jeder Wunsch erfüllt wird. Manche Kinder wachen erst in der Schule auf, während andere schon vorher erfahren haben, dass das Leben ein ständiges Auf und Ab ist, dem sie sich stellen müssen.

Nun müssen Sie als Eltern keine Krisen herbeiführen, damit Ihr Kind lernt, Enttäuschungen auszuhalten. Es reicht schon, wenn Sie ihm auch einmal einen Wunsch abschlagen und nicht jede Forderung unverzüglich erfüllen. Dann verzieht sich Ihr Sprössling schmollend in sein Zimmer, es knallen Türen und nach einiger Zeit ist alles wieder beim Alten. Auf diese Weise nimmt Ihr Kind zwar wahr, dass es Enttäuschungen gibt, es lernt jedoch nicht, damit umzugehen – zumindest nicht sozial verträglich. Denn durch das Türenknallen oder Schreien fühlen sich andere gestört und wer weiß, ob es langfristig lediglich beim Türenknallen bleibt.

Frustrationstoleranz

Der Fachbegriff für die Fähigkeit, Enttäuschungen auszuhalten, lautet Frustrationstoleranz. Falls also in einem Gutachten davon die Rede ist, Ihr Kind hätte eine geringe Frustrationstoleranz, wissen Sie nun, was damit gemeint ist.

Eine solche geringe Frustrationstoleranz, so sagen Wissenschaftler, kann den Lernerfolg mindern und dazu führen, dass Kinder und Jugendliche süchtig werden. Süßigkeiten, Medikamente und Alkohol werden häufig eingesetzt, um Enttäuschungen zu vergessen.

Hier gilt wie in vielen Bereichen: Alles ist eine Frage des Bewusstseins, entscheidend ist, ob Ihr Kind darüber nachdenkt, was gerade geschehen ist, wie es reagiert hat und wie es sich anders hätte verhalten können. Genau dabei benötigt es Ihre Unterstützung. Es bringt allerdings wenig, wenn Sie im Moment der Enttäuschung erklären, dass Erlebnisse wie diese zum Leben gehören. In solchen Augenblicken sind die Ohren wie zugeklappt und Ihre Bemühungen kommen nicht an. Warten Sie also, bis Ihr Kind sich beruhigt hat, und beziehen Sie es ein. Fragen Sie zum Beispiel: „Was war das denn gerade?" Sie werden überrascht sein, wie genau Ihr Kind Ihnen den Grund seiner Enttäuschung erklären kann. Erkundigen Sie sich, ob seine Reaktion richtig war und ob es andere Möglichkeiten gegeben hätte, mit der Enttäuschung umzugehen.

Suchen Sie gemeinsam nach Wegen, Enttäuschungen zu bewältigen, Ihr Kind muss seinen eigenen Weg finden. Manche sprechen gern darüber, andere klären das mit sich selbst. Ermuntern Sie Ihr Kind zu sagen, wenn es enttäuscht ist, machen Sie ihm klar, dass es dafür weder eine Strafe zu erwarten hat noch mit dem Verlust Ihrer Liebe rechnen muss. Je sicherer Ihr Kind das weiß, umso leichter wird es sich in der weiterführenden Schule zurechtfinden, wenn nicht mehr jeder Lehrer die Geschichte jedes einzelnen Schülers kennt und sich schon dadurch die Gefahr einer Enttäuschung im Vergleich zur Grundschule erhöht.

Sich in andere einfühlen

Zu den wichtigsten Fähigkeiten im Umgang mit anderen Menschen gehört die Fähigkeit, sich in sie hineinzuversetzen und vorherzusehen, wie sie auf ein Ereignis oder eine Äußerung reagieren. Nach Jean Piaget, dem bekanntesten aller Entwicklungspsychologen, sind Kinder dazu erst ab dem sechsten oder siebten Lebensjahr fähig. Danach muss diese Fähigkeit, wie viele andere, durch ständige Übung trainiert werden, damit ein Kind irgendwann automatisch daran denkt, wie das, was es tut und sagt, vom Gegenüber aufgenommen wird.

Pia trifft eine Entscheidung

Pia hat von der Nachbarin eine Schüssel mit Kirschen bekommen. Als sie damit nach Hause kommt, sieht sie den Blick ihrer kleinen Schwester Lea. Für einen kurzen Moment stutzt sie, doch dann erkennt sie, dass Lea traurig ist, weil sie keine Kirschen bekommen hat. Sie schwankt, dann holt sie zwei kleine Schälchen aus dem Schrank und verteilt die Kirschen gleichmäßig.

Pia hat sich gedanklich in Lea hineinversetzt. Sie hat sich daran erinnert, wie es ist, wenn ein anderer etwas hat und nichts abgibt, und einfühlsam gehandelt.

Kinder erlernen diese Fähigkeit zum einen, wenn sie sich ihrer eigenen Gefühle bewusst sind – je nach Vorstellungskraft können sie voraussehen, dass andere genauso reagieren wie sie selbst. Wenn sie traurig sind, weil ihnen etwas weggenommen wird, können sie erahnen, dass auch andere traurig sind, wenn das gleiche geschieht. Das bedeutet aber nicht zwangsläufig, dass sie diese Theorie auch berücksichtigen. Im Zweifel ist ihnen dann doch das, was sie dem anderen wegnehmen, wichtiger, als die Gefühle des anderen. Eine Zwickmühle quasi, aus der Kinder nach und nach einen Weg finden müssen. Das geht nur zusammen mit anderen Menschen und klappt am besten, wenn Sie mit Ihrem Kind schon früh darüber sprechen, wie Ereignisse und Dinge auf Sie wirken – auch, wie das wirkt, was Ihr Kind Ihnen antut –, und nicht alles kommentarlos erdulden.

Noch ein Fremdwort: Empathie

Statt Einfühlungsvermögen wird von Fachleuten häufig der Begriff „Empathie" verwendet. Damit ist die Fähigkeit gemeint, die Gefühle, Absichten und Reaktionen anderer Menschen, aber auch von Tieren, vorherzusehen. Nicht in Form von Gedankenübertragung natürlich, sondern auf der Grundlage dessen, was jemand selbst denken würde und wie Menschen in vergleichbaren Situationen reagiert haben.

Im Grundschulalter sind Kinder in der Lage, sich gedanklich mit dieser Frage zu beschäftigen. Das bedeutet nicht, dass sie ihre Erkenntnisse immer umsetzen. Aber Sie setzen bei Ihrem Kind etwas in Gang, wenn Sie nachfragen: „Was meinst du, wie dein kleiner Bruder sich jetzt fühlt?"

Die Entwicklung solcher grundlegenden sozialen Fähigkeiten ist eng verknüpft damit, wie Familienmitglieder miteinander umgehen. Selbst noch so gute Filme, Bücher oder Geschichten können nur Hilfestellung geben. Entscheidend ist, wie Eltern versuchen, sich in ihre Partner und ihre Kinder hineinzuversetzen, und ob sie darüber sprechen oder den Alltag unkommentiert ablaufen lassen.

Mit Fehlern umgehen

Wir leben leider in einer Welt, in der Fehler oft als Makel und Schmach angesehen werden und nicht als Chance, etwas daraus zu lernen. Kinder lernen das von klein auf und der Umgang mit Fehlern in der Schule fördert diesen Eindruck häufig noch. Da werden die Fehler gezählt und fließen in die Bewertung ein und je nach Lehrkraft wird die Berichtigung kaum beachtet.

Dabei sind Fehler ein Weg, um wirklich zu verstehen. Das hat jeder schon einmal erlebt. Wenn Sie einmal etwas falsch gemacht haben, passiert Ihnen das nie wieder, weil Sie sich so intensiv mit dem Fehler beschäftigt haben, dass sich die richtige Lösung fast in Ihr Gedächtnis eingebrannt hat. Nutzen Sie diese Erfahrung und vermitteln Sie Ihrem Kind, dass Fehler eine Chance sind, etwas ein für alle Mal zu lernen und zukünftig richtig zu machen. Es glaubt Ihnen nicht? Dann unterhalten Sie sich über Christoph Kolumbus, der mit der festen Absicht, einen Seeweg nach Indien zu finden, losgesegelt ist und am Ende Amerika entdeckt hat. Heute wird er für diesen Fehler gefeiert.

Zum Umgang mit Fehlern: Die Ameisen

In Hamburg lebten zwei Ameisen,
Die wollten nach Australien reisen.
Bei Altona auf der Chaussee
Da taten ihnen die Beine weh,
Und da verzichteten sie weise
Dann auf den letzten Teil der Reise.

(Joachim Ringelnatz, 1883–1934)

Nun können Sie Ihrem Kind viel erzählen und erklären. Wenn Sie Ihren Worten keine Taten folgen lassen, erreichen Sie nur wenig. Sprich: Tadeln Sie Ihr Kind nicht für Fehler, sondern suchen Sie gemeinsam mit ihm nach den Ursachen und danach, was es aus dem Fehler lernen kann. Das gilt nicht nur für schulische Belange, sondern für alles, was Ihr Kind tut: Es wollte den Tisch decken und hat das Geschirr fallen lassen. Vielleicht hat es zu viel Geschirr auf einmal getragen oder es ist über den Plüschteddy im Weg gestolpert. Toben Sie nicht, zeigen Sie höchstens, dass sie traurig sind, weil Ihre Lieblingstasse kaputt ist. Überlegen Sie mit Ihrem Kind, woran es gelegen hat, und dass es also doch sinnvoll ist, Plüschteddys aufs Sofa und nicht auf den Boden zu legen oder mehrmals zum Tisch zu gehen.

Für alle schulischen Aufgaben gilt das Gleiche: Schimpfen Sie nicht über Fehler oder schlechte Noten. Schauen Sie sich die Fehler an und versuchen Sie gemeinsam herauszufinden, warum sie gemacht wurden und wie die Aufgabe hätte richtig gelöst werden müssen.

Sicher werden Sie mal Flüchtigkeitsfehler entdecken, aber auch daraus lässt sich für die Zukunft eine Lehre ziehen: „Schreib langsamer!" oder „Lies dir am Ende alles noch einmal durch!" Möglicherweise stellen Sie aber auch fest, dass Ihr Kind ein Lernthema gar nicht verstanden hat. Dann müssen Sie den Fehlern dankbar sein, dass das so früh aufgefallen ist und Sie die Lücke beheben können. Der Schulstoff baut in fast allen Fällen aufeinander auf. Und wenn Ihre Tochter oder Ihr Sohn schon in der Grundschule Lücken hat, führen die in der weiterführenden Schule womöglich zu Kratern, die nur noch mit viel Mühe zu beheben sind.

Fehler in den Hausaufgaben

Fehler in den Hausaufgaben sind eine Chance zu wiederholen, was der Schüler gelernt hat. Das gilt allerdings nur dann, wenn er sich bewusst mit den Fehlern beschäftigt. Dazu ist es notwendig, dass er selbst den Fehler entdeckt. Dabei können Sie Ihrem Kind helfen, indem Sie zum Beispiel anmerken: „Bist du sicher, dass das richtig ist?" Mit einer solchen Bemerkung zeigen Sie, dass auch Sie unsicher sind und Ihr Kind genauso unsicher sein darf. Anders sähe es bei dem Hinweis: „Das ist falsch!" aus, damit würden Sie Ihrem Kind signalisieren, dass Sie alles besser wissen und es keine Ahnung hat. Es sind oft die kleinen Nuancen, die langfristige Wirkung zeigen.

Verantwortung übernehmen

Je älter Ihr Kind wird, umso weniger können Sie es beschützen und ihm raten, was es tun und lassen sollte. Es muss lernen, für sich und sein Handeln verantwortlich zu sein und das ist nicht immer leicht – weder die Verantwortung zu übernehmen noch der Prozess, diese zu erlernen. Es ist eben einfacher, sich auf andere zu verlassen und sich aus der Verantwortung zu stehlen. Allerdings wird irgendwann zwangsläufig der Moment kommen, an dem Ihr Kind selbst für das, was es getan hat, geradestehen muss. Und je eher es sich daran gewöhnt, umso leichter fällt es ihm dann, weil Verantwortung selbstverständlich geworden ist.

Vielleicht haben Sie Ihrem Kind schon im Vorschulalter kleine Pflichten wie das Wegbringen von Altpapier aufgetragen und es daran gewöhnt, dass Sie sich darauf verlassen, dass es diese Aufgabe übernimmt. Dann weiß es bereits, was es heißt, für etwas verantwortlich zu sein, und Sie können dort anknüpfen. Es ist nämlich wichtig, dass Ihr Kind sich vom ersten Schultag an für alles, was mit der Schule zu tun hat, verantwortlich fühlt. Die Schule ist seine Aufgabe, sein Job, seine Arbeit und dementsprechend muss es sich darum kümmern.

Verantwortung lernen mit einem Haustier

Ein eigenes Haustier ist eine gute Möglichkeit, Verantwortung zu lernen. Aber: Nicht jedes Haustier ist für jedes Kind geeignet. Prüfen Sie vor der Anschaffung eines flauschigen Mitbewohners sehr genau, wie viel Zeit Ihr Kind aufbringen kann und wie ausgeprägt seine Ausdauer ist.

Ein Hund braucht jeden Tag Auslauf und Zuwendung, der Zeitaufwand beträgt mehrere Stunden, während ein Kaninchen Futter benötigt, ein wenig Zuwendung und Pflege, mit einem geschätzten Zeitaufwand von 30 Minuten am Tag.

Informieren Sie sich unbedingt vor dem Kauf eines Haustieres, wie hoch der Aufwand für die Haltung ist, denn: Wenn Ihr Kind erlebt, dass Sie gleich wieder alle Aufgaben übernehmen, haben Sie seinem Verantwortungsgefühl einen Bärendienst erwiesen. Die Arbeit hängt an Ihnen und Ihr Kind bleibt mit dem Gefühl zurück, dass es der Aufgabe nicht gewachsen ist.

Verantwortung wird von Kindern übrigens gar nicht nur als Pflicht oder Last angesehen. In dem Moment, in dem Sie Ihrem Sohn oder Ihrer Tochter Verantwortung übertragen, zeigen Sie, dass Sie ihm/ihr etwas zutrauen – eine wichtige Voraussetzung für die Entwicklung des Selbstvertrauens. Nur wer erlebt, dass andere ihm etwas zutrauen, traut sich selbst etwas zu. Suchen Sie also gezielt nach Möglichkeiten, Ihrem Kind Verantwortung zu übertragen. Wählen Sie die Aufgaben danach aus, was Sie ihm und was es sich selbst zutraut. Das ist von Kind zu Kind unterschiedlich, während manche Neunjährige durchaus eine Stunde auf den Säugling aufpassen können, sind andere viel zu nervös und ängstlich, sodass Sie auf dieses Experiment besser verzichten.

Wann immer Ihr Kind von sich aus vorschlägt, eine Aufgabe zu übernehmen, signalisiert es, dass es Verantwortung übernehmen möchte, dass es einen Beitrag für die Familie leisten möchte. Versuchen Sie, ihm den Wunsch zu erfüllen, gegebenenfalls mit konkreten Hinweisen, was es tun muss, wenn etwas schiefgeht.

Ein Hobby haben

Seit Jan seinen Onkel auf eine Modellbaumesse begleitet hat, ist er ein großer Fan von Modellflugzeugen. Er spart sein Taschengeld für einen eigenen Modellflieger und verbringt viel Zeit damit, im Internet nach Objekten zu suchen und das Für und Wider für sein eigenes Flugzeug abzuwägen. Während seine Eltern ihn sonst kaum dazu bewegen konnten, ein Buch in die Hand zu nehmen, hält er nun auf dem Flohmarkt Ausschau nach Büchern über Modellflugzeuge.

Wie Jan geht es vielen Kindern: Wenn sie einmal ein Hobby entdeckt haben oder ihr Interesse geweckt wurde, motivieren sie sich selbst zu Dingen, die ihnen sonst niemand zugetraut hätte. Es lohnt sich also durchaus, wenn Sie Ihr Kind ermuntern, sich ein Hobby zuzulegen. Um ein Hobby oder ein Interesse zu entdecken, benötigt Ihr Kind ein Vorbild und Anregungen. Falls Sie etwas sehr gerne machen, ob das Handarbeiten oder Reiten, Enten sammeln oder Zeichnen ist, legen Sie schon eine wichtige Grundlage dafür, dass Ihr Kind sich auf die Suche nach einem Hobby macht. Je mehr Anregungen es erhält – bei Ausflügen, in Gesprächen mit anderen, durch Bücher und Zeitschriften, bei einer Freizeitmesse –, umso eher findet es etwas, das es so fasziniert, dass es sich freiwillig damit immer wieder über einen längeren Zeitraum beschäftigt.

Typische Freizeitaktivitäten

Die World Vision Kinderstudie 2010 nennt folgende Beschäftigungen als typische Freizeitaktivitäten für Kinder von 6 bis 11 Jahren:
- Freunde treffen
- Sport, Skaten
- Fernsehen
- Lesen
- mit Spielzeug spielen
- Werken/(Lego) bauen
- Playstation/Computer
- Musik machen
- Tanzen/Ballett/Theater

(Quelle: www.worldvision-institut.de/_downloads/ allgemein/Charts_Kinderstudie_2010.pdf)

Ein Hobby verlangt viele Grundfähigkeiten, die den Lernerfolg unterstützen: Ausdauer, Verantwortungsgefühl, Konzentration und Sorgfalt. Es fördert aber auch das Selbstvertrauen.

Kinder, die ein Hobby haben und etwas, in dem sie gut sind und sich sicher fühlen, verkraften eine schlechte Note leichter als die, die ihr Selbstbewusstsein nur auf guten Noten aufbauen. Das ist bei jungen Menschen nicht anders als bei Erwachsenen: Wer sich nur über seine Arbeit definiert und keine anderen Interessen hat, fällt sehr tief, wenn es Probleme im Job gibt. Falls Sie also noch kein Hobby haben, halten Sie vielleicht mit Ihrem Kind zusammen Ausschau nach einem, das Sie beide fasziniert.

Entscheidungen treffen

Ja, Kinder müssen lernen, Entscheidungen zu treffen, doch ab wann können sie das eigentlich? Auf diese Frage gibt es keine einfache Antwort, schließlich ist es ein Unterschied, ob Ihr Kind entscheiden soll, ob es die rote oder blaue Jacke anzieht oder welche Schulform es nach der Grundschule besuchen möchte.

Um eine Entscheidung zu treffen, muss ein Kind in der Lage sein, die verschiedenen Möglichkeiten abzuwägen, und zwar unter bestimmten Kriterien, vor allem mit Blick auf die Folgen, die eine Entscheidung haben kann. Die Folgen einer roten statt einer blauen Hose sind überschaubar und zu ertragen, selbst, wenn die anderen Kinder lachen, weil die rote Hose „babyhaft" aussieht oder die Schultasche, die Ihr Kind sich ausgesucht hat, out ist.

Leon und die Krawatte

Leon wollte an seinem ersten Schultag unbedingt die Krawatte tragen, die er zur Hochzeit seines Onkels bekommen hatte. Er kannte von seinem Vater, dass der an wichtigen Tagen eine Krawatte trug, und wollte es ihm gleich tun.

Leons Mutter befürchtete jedoch, dass die anderen Kinder ihn von dem Tag an aufziehen würden, und überredete den Jungen, auf den Schlips zu verzichten.

Möglicherweise hätten die anderen Kinder Leons Krawatte mit einem Schmunzeln quittiert und nicht weiter beachtet. Aber vielleicht hätten sie ihn wirklich ausgelacht und es hätte womöglich am ersten Schultag Tränen gegeben. Wie hätten Sie entschieden?

Bei solchen Entscheidungen sollten Sie nur eingreifen, wenn Sie langfristige Schäden für Ihr Kind erwarten, so wie die Mutter von Leon, der an seinem ersten Schultag unbedingt mit einer Krawatte in die Schule gehen wollte.

Im Laufe der Grundschulzeit entwickelt Ihr Kind seine Fähigkeit, über den Moment hinauszusehen. Es lernt, sich vorzustellen, was alles passieren kann, wenn es sich auf eine bestimmte Weise verhält.

Für Sie bedeutet das, dass es schwieriger wird, Entscheidungen für die ganze Familie zu fällen, weil Ihre Tochter oder Ihr Sohn sehr wohl versteht, was dafür und was dagegen spricht, und womöglich sogar selbst Argumente vorträgt. Da heißt es vor allem: Nerven bewahren, sich nicht an alles klammern, was Sie so schön geplant haben, und Kompromisse einzugehen oder sich den Argumenten Ihres Kindes zu beugen.

Das sollte jedoch nicht stillschweigend geschehen, sondern bewusst im Austausch mit Ihrem Kind. Gehen Sie auf die Argumente ein und erklären Sie, warum Sie einem Argument folgen können und warum nicht, welche Entscheidungskriterien realistisch sind und welche nicht zutreffen. Nur so gewöhnt es sich daran, in Gedanken Für und Wider abzuwägen, denn seien wir ehrlich, die wenigsten Entscheidungen werden bewusst getroffen, meist entscheiden wir ohne großes Nachdenken auf der Grundlage unserer bisherigen Erfahrungen.

Den Schulweg alleine bewältigen

Eine der wesentlichen Änderungen in der Kindheit der letzten Jahrzehnte ist sicher der Schulweg. Er ist einerseits besser ausgebaut, besser beschildert und besser überwacht als früher und wird andererseits weniger benutzt.

Immer mehr Kinder werden mit dem Auto zur Schule gefahren, obwohl sie gut zu Fuß gehen, mit dem Fahrrad oder mit öffentlichen Verkehrsmitteln fahren könnten. Hier liegt eine Ihrer großen Aufgaben. Sie tun Ihrem Kind einen großen Gefallen, wenn es im Laufe der Grundschulzeit lernt, sich alleine auf den Schulweg zu machen. Das mag für Sie eine Überwindung sein, springen Sie im Interesse Ihres Kindes über Ihren Schatten. Damit stärken Sie seine Unabhängigkeit und sein Selbstvertrauen. Es spürt, dass Sie es loslassen und dass Sie ihm zutrauen, diesen Weg zu bewältigen.

Mit dem Fahrrad zur Schule

Ob und wann Ihr Kind mit dem Fahrrad zur Schule fährt, hängt von den Gewohnheiten in Ihrer Region ab. Während Kinder im Münsterland schon früh ganz selbstverständlich Rad fahren, ist es in Stuttgart eher unüblich, dass Kinder mit dem Rad zur Schule fahren. Am besten stimmen Sie sich mit der Schule ab. Häufig wird dort in der dritten oder vierten Klasse ein „Fahrradführerschein" erworben, der den Kindern signalisiert, dass sie von nun an mit dem Rad zur Schule fahren dürfen.

Selbstverständlich sollen Sie Ihr Kind nicht am ersten Schultag allein über die sechsspurige Straße schicken. Auch der Schulweg will gelernt sein. Vermutlich haben Sie schon vor der Einschulung den sichersten Weg gefunden, nutzen Sie ihn und gehen Sie ihn gemeinsam mit Ihrem Kind. Bilden Sie mit anderen Schülern und Eltern Weggemeinschaften.

Ein erster Schritt kann sein, dass Ihr Kind zusammen mit einem Mitschüler und dessen Mutter oder Vater zur Schule geht.

Der nächste Schritt ist vielleicht, dass die Kinder vorweg gehen und die Erwachsenen plaudernd im Abstand hinterher.

Lassen Sie Ihr Kind irgendwann den letzten Streckenabschnitt allein gehen oder kommen Sie ihm auf dem Nachhauseweg entgegen.

Wenn es sich auf diese Weise den Schulweg allein erobert, gewinnt es an Sicherheit, die ihm hilft, wenn es später ohne Ihre Begleitung auf dem Weg zur weiterführenden Schule ist.

In vielen Kommunen gibt es übrigens Schulwegpläne, auf denen eingezeichnet ist, welches die sichersten Wege sind, wo Schülerlotsen stehen und wo sich Ampelanlagen befinden, damit Sie den Weg von Ihrem Haus in die Schule entsprechend planen können.

Selbstständig Ideen entwickeln

Es vergeht kaum ein Tag, an dem Sie nicht eine Idee entwickeln – ob Sie nun aus vorhandenen Zutaten ein Essen kochen oder einen Streit zwischen Ihren Kindern schlichten. Sie drehen und wenden die Situation in Ihrem Kopf und finden einen Weg, um die Aufgabe zu lösen. Und genau das wird von Ihrem Kind in der Schule täglich verlangt, und zwar in immer größerem Maße.

In den ersten Schuljahren sind die Aufgaben noch einfach und überschaubar, da müssen Zahlen addiert oder vorgegebene Wörter geschrieben werden. Nach und nach werden die Schüler jedoch mehr gefordert, die ersten kleinen Textaufgaben verlangen bereits, dass sie zu einer beschriebenen Situation selbst eine Aufgabe mit Zahlen aufschreiben und bei den ersten Fantasieaufsätzen sollen sie sich in eine Figur hineinversetzen. Alles das geschieht in ihrem Kopf, da ist die Vorstellungskraft gefordert. Die Vorstellungskraft hilft dabei, neue Ideen zu entwickeln, zum Beispiel nicht nur ein Erlebnis zu erzählen, sondern einen neuen Schluss zu erfinden.

Wie Sie Kreativität fördern können

Die Fähigkeit, Ideen zu entwickeln, entsteht im Alltag vor allem durch die Art und Weise, wie Sie auf Ideen Ihres Kindes reagieren, aber auch durch die Anregungen, die Ihr Kind erhält:

- offene Malanregungen statt vorgefertigter Malbücher
- Knobelaufgaben, für die es um die Ecke denken muss
- Geschichten mit offenem Ausgang, über die es weiter nachdenkt
- Gegenstände, deren Zweck sich nicht auf den ersten Blick erklären
- Spielmaterialien, für die es keine Vorlagen gibt
- Erlebnisse, die zum Weiterdenken anregen wie Besuche in Museen
- Philosophieren über Gott und die Welt um Fragen wie „Was wäre, wenn du König von Deutschland wärst?"
- die oft üblichen „Reizwortgeschichten" als Hausaufgaben

Der Grundstein dafür, wie kreativ Ihr Kind ist, wird schon früh gelegt, aber Sie können auch in der Grundschulzeit noch viel dafür tun, dass es diese Fähigkeit entwickelt. Fordern Sie es heraus, erzählen Sie Dinge, die es nicht kennt, zu denen es sich eigene Bilder machen muss, und hören Sie geduldig und begeistert zu, wenn Ihr Kind noch so verrückte Geschichten ersinnt.

Kreatives Denken und die Fähigkeit, Ideen zu entwickeln, helfen ihm nicht nur in der Schule, sein ganzes Leben lang wird es in Situationen geraten, die es so noch nicht erlebt hat. Wer dann fieberhaft nach einer fertigen Lösung sucht, wird es schwer haben. Wer allerdings gewohnt ist, die Situation genau zu betrachten und sich neue Lösungen auszudenken, wird Schule und Leben souverän und sicher meistern.

Sicher ist es nicht immer leicht, die verrückten Ideen Ihres Kindes auszuhalten. Andererseits sind sie doch auch ein Quell der Freude und sorgen für viel Spaß, wenn Sie gemeinsam die Ideen weiterentwickeln.

Wichtig ist, dass Sie positiv auf die Ideen Ihres Kindes reagieren und Sie nicht als schlecht oder Unsinn abtun.

Kategorien bilden

Haben Sie schon einmal darüber nachgedacht, wie Ihr Gehirn sich eigentlich all das merkt, was Sie ihm auftragen? Es bildet Kategorien. Sie müssen sich Ihr Gehirn vorstellen wie ein Bücherregal mit einer riesigen Ablagefläche und vielen Ordnern, die Ordner sind die Kategorien. Jeder Mensch hat seine eigenen Ordner, je nachdem, was er erlebt und wo er lebt. Aber einige Kategorien werden doch alle haben: „Lebewesen" zum Beispiel und „Gegenstände".

Ihr Kind hat wesentliche „Ordner" und „Kategorien" schon lange vor der Einschulung gebildet: Wann immer es etwas Neues kennengelernt hat, hat es versucht, dieses in eine Kategorie einzuordnen. Erinnern Sie sich, dass Sie ihm beim ersten Vierbeiner, dem Ihr Kind begegnet ist, erklärt haben, das sei ein Hund oder „Wauwau"? Kaum kam eine Katze des Wegs, schon äußerte Ihr Kind begeistert: „Wauwau!", bis Sie ihm sagten, das sei nun aber eine Katze, Mieze, Miau – oder wie auch immer Sie das Tier bezeichnet haben.

In den folgenden Jahren – und auch heute noch – lauscht Ihr Kind aufmerksam, wie Sie Dinge bezeichnen und als was Sie sie einordnen, und speichert die neuen Informationen entsprechend in den Kategorien ab. Was es abspeichert, hängt stark davon ab, wofür es sich interessiert, so haben manche Kinder schon bei der Einschulung eine ziemlich vollständige Liste aller Automarken im Kopf, während andere die Namen sämtlicher Kandidaten einer Castingshow nennen können.

Vernetzt lernen

Ein Gehirn funktioniert ähnlich wie eine Suchmaschine, und je besser Ihr Kind neuen Lernstoff einsortiert, umso besser findet es ihn wieder. Dazu sollte es ihn in alle Kategorien einsortieren, in die er passt. Auf diese Weise entsteht ein Informationsnetzwerk im Kopf und Ihr Kind kann von verschiedenen Stellen auf die Information zugreifen.

Dazu muss es sich angewöhnen, Aufgaben bewusst zu lesen und sich Gedanken darüber zu machen und sie nicht einfach mit halbem Verstand zu erledigen. Gerade „Päckchen"- oder „Abschreib"-Aufgaben lösen Kinder oft nicht mit voller Konzentration. Sie schreiben beispielsweise nicht die Rechenaufgaben, sondern Zahlenreihen untereinander. Kein Wunder, dass die Aufgaben dann nirgends abgespeichert werden. Besser ist es, sie sich selbst – laut oder leise – vorzusprechen und sich ein Bild dazu zu machen.

Dank der Einordnung in Kategorien fällt es Ihrem Kind leichter, neue Informationen zu verstehen – vorausgesetzt, es verfügt über eine große Sammlung an Kategorien, zu der Sie viel beitragen können, wenn Sie neue Begriffe lehren und viele unterschiedliche Erfahrungsmöglichkeiten schaffen.

Medien gezielt einsetzen

Medien sind aus dem Leben Ihres Kindes nicht wegzudenken, selbst, wenn Sie zu Hause konsequent auf einen Fernseher verzichten sollten. Bei anderen Familienmitgliedern oder Freunden wird es fernsehen und spätestens in der weiterführenden Schule wird es Hausaufgaben geben, bei denen die Recherche im Internet vorausgesetzt wird.

Je eher Ihr Kind lernt, souverän und sicher mit den Medien umzugehen, umso besser ist es vor möglichen Gefahren gefeit, die Medien leider auch mit sich bringen.

Zum souveränen Umgang mit Medien gehört, sich nicht von ihnen –
ob das nun der Fernseher oder der Computer, die Playstation oder der
MP3-Spieler ist – beherrschen zu lassen. Wichtig ist, dass Ihr Kind
die Medien bewusst nutzt, sich selbst klarmacht, warum es welches
Medium nutzt. Fragen Sie daher nach, warum es gerade die Playstation
sein muss oder warum es unbedingt fernsehen will. Antworten wie
„Mir ist langweilig!" oder „Alle gucken das!" zählen nicht. Ihr Kind
muss sich selbst prüfen, warum es gerade etwas tut, ob es sich entspan-
nen möchte oder die Sendung interessant findet. Nur dann kann es den
Weg zu einem selbstbestimmten Umgang mit den Medien finden.

Verschaffen Sie Ihrem Kind ein Aha-Erlebnis

Dieser Tipp richtet sich an all jene Eltern, die Zugriff auf eine Internetseite oder einen Blog haben – bitte nicht Facebook für diese Anregung
verwenden.

Erstellen Sie eine neue Seite über Ihren Sohn oder Ihre Tochter, schreiben
Sie dort etwas völlig Unsinniges über ihn/sie, das aber weder verletzend
noch wahr sein sollte, zum Beispiel: „Pedro hat gestern einen Außerirdischen getroffen." Ergänzen Sie den Satz um ein Bild aus den ersten Krit-
zeltagen Ihres Kindes (kein Foto!).

Suchen Sie zusammen mit Ihrem Kind diese Internetseite auf. An dem
Beispiel können Sie erklären, dass diese Seite nun in der ganzen Welt
gelesen werden kann, dass viele Menschen das glauben, obwohl es gar
nicht wahr ist, und dass genau so jeder etwas ins Internet stellen kann.

Mit Medien umzugehen bedeutet auch, Informationen nicht ungefragt
zu übernehmen, sondern sie zu hinterfragen und zu überprüfen. Das

gilt nicht nur, aber besonders für Informationen aus dem Internet. An dem Beispiel können Sie Ihrem Kind zeigen, dass jeder alles ins Internet stellen kann und dass es nicht alles glauben darf, was dort steht. Das gilt sowohl für Informationen über ein Thema als auch über einzelne Menschen.

Schon sind Sie beim Gespräch über die Regeln in sozialen Netzwerken. In der Grundschule können Sie es vielleicht noch unterbinden, dass Ihr Kind sich bei SchülerVZ oder anderen gängigen Internetgemeinschaften anmeldet. In der weiterführenden Schule wird das kaum noch möglich sein. Wichtig ist daher, dass Ihr Kind bereits vorher verinnerlicht, dass es vorsichtig mit Informationen über sich selbst sein muss, weil es nie wissen kann, wer sie liest und was derjenige damit macht. Schärfen Sie ihm ein, niemals ohne Rücksprache mit Ihnen persönliche Daten weiterzugeben, auch nicht das Geburtsdatum oder die Anschrift.

Prüfen Sie sorgfältig, wo diese Daten eingegeben werden sollen, und untersagen Sie es lieber, wenn Sie unsicher sind. Fragen Sie in der Schule nach oder erkundigen Sie sich auf www.jugendschutz.net oder www.klicksafe.de, ob die Internetseite, zu der Ihr Kind den Zugang wünscht, unbedenklich ist.

Sollte Ihr Kind doch einmal gegen ein Verbot verstoßen haben, ob das ein Film im Fernsehen oder eine Seite im Internet ist, zeigen Sie ruhig Ihre Enttäuschung, aber reagieren Sie nicht zu scharf und schon gar nicht mit einem Verbot. Das führt unter Umständen dazu, dass Ihr Kind sich Ihnen nicht mehr anvertraut und Sie nicht mehr wissen, welche Informationen es über Medien aufnimmt. Bleiben Sie gesprächsbereit und fragen Sie nach, wie es einen Film verstanden hat, welche Seite im Internet gerade „hip" ist und worum es in dem Playstation-Spiel geht, von dem es schwärmt.

Bessere Noten durch weniger Fernsehen

Eine Studie der Universität Lüneburg im Auftrag einer Krankenkasse aus den Jahren 2008 bis 2010 hat gezeigt, dass Grundschulkinder, die einen eigenen Fernseher im Zimmer haben, in der Schule schlechter abschneiden als die, die zum Fernsehen ins Wohnzimmer gehen müssen.

Befragt wurden 6000 Grundschüler und 1300 Lehrer in sechs Bundesländern. Dabei wurde deutlich, dass ein Viertel der Kinder schon bei der Einschulung über einen eigenen Fernseher verfügte. Insgesamt wurde festgestellt, dass Kinder, die nur gelegentlich fernsehen, deutlich besser in der Schule sind als Kinder, die stundenlang vor dem Fernseher sitzen und keine Fernsehgrenzen kennen.

Wünsche und Bedürfnisse unterscheiden

Könnten Sie Ihrem Kind spontan den Unterschied zwischen Wünschen und Bedürfnissen erklären? Erwachsene denken darüber gar nicht mehr nach, weil wir automatisch auf die Bedürfnisse reagieren und wissen, dass nicht alle Wünsche in Erfüllung gehen.

Kinder sehen das noch anders, vor allem die Kinder von heute, die in einem Umfeld aufwachsen, in dem ihnen ständig Bedürfnisse von der Werbung oder von Freunden vorgegaukelt werden. „Ich brauche ein neues Playstation-Spiel", behauptet beispielsweise der achtjährige Marc, obwohl sich neben dem Bildschirm mindestens zehn Spielverpackungen stapeln. Ihm scheint das neue Spiel notwendig zu sein und dennoch ist es kein Bedürfnis. Sein Bedürfnis mag sein, von den anderen anerkannt zu werden, doch ob das ausschließlich mit dem Playstation-Spiel zu erreichen ist, darf bezweifelt werden.

Bedürfnisse sind Anforderungen, die Körper und Geist stellen, zum Beispiel essen oder trinken, schlafen oder sich bewegen, aber auch Anerkennung von anderen zu bekommen oder sich selbst zu verwirklichen.

Wünsche sind Dinge, die nicht lebensnotwendig sind, wie eine neue Schultasche oder ein Internetzugang, eine Portion Pommes oder ein cooles T-Shirt.

Zugegeben, es ist nicht leicht, Ihrem Kind dies zu erklären, aber es lohnt sich. Sobald Ihr Kind den Unterschied verstanden hat, wird es klarer nennen können, was ihm gerade wichtig ist, und es wird künstlich erzeugte Bedürfnisse als Wünsche erkennen, die in erster Linie anderen dienen und erst in zweiter Linie ihm selbst.

Bedürfnispyramide

Der Psychologe Abraham Maslow hat in den 1970er-Jahren versucht, die Bedürfnisse eines Menschen in einer Pyramide darzustellen. Welche Ebenen der Pyramide ein Mensch erreicht, hängt davon ab, in welchem Umfeld er lebt. Menschen, deren Grundbedürfnisse nicht erfüllt werden, erreichen kaum oder gar nicht die Spitze der Bedürfnisse. Vermutlich ist das ein Grund, warum bei uns erst in den letzten Jahrzehnten so viel über Selbstverwirklichung gesprochen wird, in den ersten Jahren nach dem Zweiten Weltkrieg waren die meisten Menschen in Deutschland mit den Bedürfnissen auf den unteren Ebenen beschäftigt.

- Selbstverwirklichung
- Anerkennung und Wertschätzung
- Freundschaft, Liebe und Gruppenzugehörigkeit
- Finanzielle und materielle Sicherheit (Wohnen, Arbeit)
- Grundbedürfnisse (Essen, Trinken, Schlafen, Körperhygiene)

Fragen Sie also nach, wenn Ihr Kind behauptet, es brauche etwas oder müsse es unbedingt haben. Erkundigen Sie sich, warum es genau das braucht, was passiert, wenn es das nicht bekommt. Ein Mensch, der nie schläft, wird krank, aber ob ein Mensch, der kein neues Playstation-Spiel bekommt, krank wird, ist doch sehr fraglich – eine schöne Frage, an der Ihr Kind seine Kreativität erproben kann.

Umweltbewusst handeln

Auch, wenn wir es nicht wahrhaben wollen: In vieler Hinsicht stimmt das Sprichwort „Was Hänschen nicht lernt, lernt Hans nimmermehr", zumindest, wenn nimmermehr durch „nur noch schwer" ersetzt wird. Viele Verhaltensweisen, die Jugendliche oder Erwachsene an den Tag legen, sind gute oder schlechte Angewohnheiten, die sich in der Kindheit eingeschlichen haben. Daher ist es so wichtig, dass Kinder sich schon frühzeitig daran gewöhnen, umweltbewusst zu denken.

Sie fühlen sich der Natur noch viel mehr verbunden als viele Erwachsene und sind daher leichter zu erreichen, wenn es um Fragen des Umweltschutzes und der Zerstörung der Natur geht. Es ist immer wieder erstaunlich zu sehen, dass es oftmals die Kinder sind, die ihre Eltern ermahnen, das Kaugummipapier nicht einfach auf den Boden zu werfen. Je nach Lautstärke ist das selten ein angenehmer Moment für Eltern. Sollten Sie je in eine solche Situation geraten, trösten Sie sich damit, dass Ihr Kind gerade ein wichtiges Erlebnis hat, das seinem Selbstbewusstsein einen enormen Schub gibt. Wann immer es spürt, dass es Ihnen auf Augenhöhe begegnet, fühlt es sich stark, und viele solcher Erfahrungen schaffen die Grundlage dafür, dass es auch in anderen Situationen seine Meinung äußert.

Kinder sind die besten Umweltschützer

In einer Umfrage der Zeitschrift Eltern Family haben etwa zwei Drittel der Kinder angegeben, dass sie Angst davor haben, dass die Umwelt zerstört wird. 60 % versuchen etwas dagegen zu tun, indem sie den Müll trennen, 35 % achten darauf, nicht zu viel Wasser zu verbrauchen und das Licht auszuschalten, wenn es nicht gebraucht wird.

(Quelle: www.eltern.de/schulkind/erziehung-und-entwicklung/
umfrage-kinder-und-krise.html)

Doch zurück zum umweltbewussten Denken, das zwangsläufig bei Ihnen in der Familie gelernt wird. Da sind die kleinen Fragen nach der Mülltrennung oder Müllvermeidung, aber auch die großen danach, ob wirklich jede Fahrt mit dem Auto nötig ist und ob der Schulweg nicht genauso gut mit dem Fahrrad zu bewältigen wäre. Zum umweltbewussten Denken gehört ein Verständnis für den Kreislauf der Natur, dass Dinge wachsen müssen und Zeit dafür brauchen: Ein Baum, der gefällt wird, kann eben nicht wie ein Spielzeug von heute auf morgen ersetzt und ein Zweig, einmal achtlos aus Zorn oder Langeweile abgerissen wurde, nicht mehr angeklebt werden.

Sie sehen schon, hier ist wieder einmal Ihr Vorbild gefragt und diese Form der Erziehung ist nun einmal am schwierigsten, vor allem dann, wenn Sie selbst aus Ihrer Kindheit noch viele lieb gewonnene Gewohnheiten haben, die wenig umweltfreundlich sind.

Beobachten Sie sich selbst aus der Warte Ihres Kindes – Sie müssen nicht gleich alle Gewohnheiten über Bord werfen. Aber Sie können sie thematisieren und gemeinsam darüber sprechen, dass Sie sich ändern möchten und müssten, dass Sie sich genau aus dem Grund freuen, dass Ihr Kind solche Angewohnheiten gar nicht erst annimmt, sondern an die Umwelt denkt. Ernennen Sie Ihre Tochter oder Ihren Sohn zum Umweltbeauftragten in der Familie, sie/er wird schon dafür sorgen, dass das Thema nicht vergessen wird und es dadurch selbst nie wieder vergessen.

Über Ernährung nachdenken

Schon Grundschulkinder machen sich Gedanken über die Gesundheit, auch wenn sie die Dimension in ihrer ganzen Bedeutung noch nicht erfassen. Doch sie kennen Krankheit und daher ist es ihnen wichtig, gesund zu sein und gesund zu bleiben. Das bedeutet aber auch, dass Sie einen Punkt haben, an dem Sie anknüpfen können, wenn Sie mit Ihrem Kind über Ernährung nachdenken möchten.

Ernährungsgewohnheiten trainiert Ihr Kind sich – unwissentlich – vom ersten Lebenstag an. Und Sie versuchen vom ersten Tag an, ihm gute Gewohnheiten zu vermitteln: gesunde und abwechslungsreiche Ernährung, viel Obst und Gemüse, wenig Zucker, nicht zu viel Fett und Kohlenhydrate.

Gesundes Pausenbrot

Schon mit einem gesunden Pausenbrot schaffen Sie eine Grundlage dafür, dass Ihr Kind über Ernährung nachdenkt. Erklären Sie ihm, warum es Vollkornbrot und Käse bekommt, warum auf dem Pausenbrot vielleicht noch Salatblätter oder Gurkenscheiben liegen und warum es nicht einfach einen Euro für ein Brötchen am Kiosk erhält. Damit setzen Sie einen Denkprozess bei Ihrem Kind in Gang, der durchaus dazu führen kann, dass es seinen Freunden erklärt, warum sein eigenes Pausenbrot viel gesünder als das Schokobrötchen ist.

Zum Pausensnack dürfen übrigens neben Obst auch Nüsse gehören, sie enthalten wichtige Nährstoffe, die das Gehirn in Gang halten.

Allerdings sind die Verlockungen groß – farbige Minijoghurts locken ebenso wie Schokolade mit besonders viel Milch, ganz zu schweigen von den Nahrungsmitteln, auf denen Aufkleber und Bilder von beliebten Figuren kleben. Solange Ihr Kind die meiste Zeit zu Hause isst, verhindern Verbote vielleicht, dass es sich ungesund ernährt. Doch, was ist, wenn es bei Freunden ist oder gar im Schulkiosk die Waren locken? Spätestens dann sollte Ihr Kind seine Ernährungsgewohnheiten überdenken können.

Gesunde Ernährung hängt davon ab, wie bewusst gegessen wird. Wer sich Gedanken darüber macht, was er gerade isst, dem schadet auch ein Schokoriegel wenig, weil ihm klar ist, dass der ungesund ist und eine Ausnahme bleiben muss. Wer hingegen isst, ohne nachzudenken, und alles in sich hineinstopft, was ihm auf den Teller gehäuft oder am Kiosk gereicht wird, der läuft Gefahr, sich einseitig und ungesund zu ernähren.

Sprechen Sie also darüber, was Sie essen, warum Sie was gekocht oder bestellt haben, warum in Ihrem Kühlschrank ein Naturjoghurt steht und kein Fruchtjoghurt und so weiter. Damit schaffen Sie eine gute Grundlage für ein ernährungsbewusstes Verhalten Ihres Kindes. Sie werden nicht unbedingt erreichen, dass es dem verlockenden Schokoriegel widersteht, wenn alle anderen Kinder einen essen, aber es wird mit der gleichen Begeisterung einen Apfel verspeisen, wenn der angeboten wird, während manche seiner Mitschüler missmutig das Gesicht verziehen.

Das Trinken nicht vergessen

Ernährung wird oft nur mit Essen und Mahlzeiten in Verbindung gebracht. Dabei ist es wichtig, dass Ihr Kind sich daran gewöhnt, auch in der Schule viel zu trinken – in manchen Schulen gibt es noch den Brauch der Schulmilch, er ist jedoch seltener geworden. Umso wichtiger ist es, dass Sie Ihrem Kind eine Trinkflasche mit Wasser mitgeben. Viel trinken hält nämlich nicht nur den Körper, sondern auch das Gehirn fit!

Werte und Normen hinterfragen

Werte sind eine Art Leitlinie, die das Handeln eines Menschen be-stimmt, dazu gehören persönliche Werte wie Hilfsbereitschaft, Zuver-lässigkeit, materielle Werte wie Geld, Eigentum, geistige Werte wie Klugheit und religiöse Werte wie Glauben. Sie sind wie ungeschrie-bene Gesetze, die jeder für sich verinnerlicht hat und nach denen er handelt.

Kinder entwickeln ein Wertegefüge im Zusammenleben in der Fami-lie, in der Kita, in der Schule, bei anderen Aktivitäten außer Haus. Hier erleben sie, wie Menschen miteinander umgehen – respektvoll oder respektlos, hilfsbereit oder achtlos, gruppenorientiert oder egoistisch. Neben dem Vorbild der Erwachsenen spielen die eigenen Erfahrun-gen eine entscheidende Rolle dabei, welche Werte Ihrem Kind wichtig sind.

Die wichtigsten Werte der Deutschen

In einer Umfrage wurden folgende Werte als besonders wichtig angesehen:
- Ehrlichkeit (60 %)
- Treue und Zuverlässigkeit (je 22 %)
- Höflichkeit (10 %)
- Aufrichtigkeit (9 %)
- Tradition (8 %)
- Solidarität, Respekt, Offenheit (je 7 %)
- Hilfsbereitschaft, Toleranz, Familie (je 6 %)
- Ordnung, Vertrauen, Fleiß, Bescheidenheit (je 5 %)

(Quelle: www.statista.de)

Ihr Kind entwickelt seine eigenen Theorien, wie die Welt funktioniert. Erlebt es wiederholt ähnliche Dinge, zum Beispiel dass Sie sich für andere engagieren, der kranken Nachbarin helfen oder die Oma pflegen, so wird dieses Verhalten für das Kind „normal" und in seinem Wertekanon wird Hilfsbereitschaft groß geschrieben.

Sie merken schon, hier sind Sie wieder stark gefordert, weil Sie Ihrem Kind viel nebenbei vermitteln. Das gilt aber auch für andere Erwachsene, die in Ihrer Familie ein und aus gehen, für Fachkräfte in Kita und Schule, Gruppenleitungen in Vereinen – eben alle Erwachsenen, die mit Ihrem Kind zu tun haben. Sie haben den Vorteil, dass Sie es immer wieder erleben und mit ihm darüber sprechen können, warum es sich in einer bestimmten Weise verhält – und zwar sowohl dann, wenn es sich in Ihren Augen besonders positiv als auch sich negativ verhält.

Unabhängig vom Verhalten Ihres Kindes, ist nun der Zeitpunkt gekommen, die eigenen Werte zu hinterfragen. Was ist Ihnen im Leben wichtig? Was möchten Sie Ihrem Kind unbedingt mitgeben? Im Grundschulalter ist Ihr Kind besonders empfänglich für Gespräche über das Leben. Und was Ihrem Kind jetzt als sinnvoll und erstrebenswert scheint, das versucht es umzusetzen – und das prägt es für sein ganzes Leben.

Register

A

humboldt

...bringt es auf den Punkt.

Andrea Micus ·
Günther Hoppe

Jedes Kind kann stark sein

So führen Sie Ihr Kind in ein selbstbewusstes und glückliches Leben

Für Eltern von 8- bis 14-jährigen Schulkindern

humboldt
208 Seiten, 12,5 x 18,0 cm, Broschur
ISBN 978-3-86910-615-1
€ 9,95

Auch als E-Book erhältlich!

Stress, Versagensängste, fehlende Leistungsbereitschaft oder Konflikte: Der Schulalltag fordert Kinder – wer psychisch nicht gefestigt ist, geht schnell unter. Die Autoren zeigen, wie Eltern Probleme rechtzeitig erkennen und das Selbstvertrauen ihrer Kinder stärken können. Zehn einfache Strategien helfen, um die Schulkinder in ein starkes, selbstbestimmtes und glückliches Leben zu führen.

„Der rundum gelungene Ratgeber für Eltern von Kindern mit und ohne Probleme im Schulalter erörtert Mobbing, Mediensucht, Gewaltbereitschaft, Stören, Prüfungsangst, Konzentrationsschwäche, Unsicherheit und fehlende Leistungsbereitschaft nach einheitlichem, folgerichtigem Schema. Als Einstieg dient eine plausible Fallgeschichte, darauf bauen Beschreibungen typischer Merkmale und möglicher Ursachen des Problems auf. Mit Schnelltests ist feststellbar, ob das eigene Kind betroffen ist. Das Buch ist inhaltlich und optisch gut strukturiert, der Text klar verständlich, fast jede Zeile des Inhaltsverzeichnisses bereits „sprechend", das Buch auch durch das Register gut erschlossen, nur mit Internetlinks gut vernetzt und gemessen an Umfang und Nutzen sehr preiswert. Viel besser geht es nicht!"   *ekz.bibliotheksservice*

Änderungen vorbehalten.
www.humboldt.de

Sabine Seyffert

Entspannte Kinder lernen besser

Wie Eltern ihre Kinder vom Schulstress befreien können

Mit vielen Übungen und Tipps für Grundschulkinder

2., aktualisierte Auflage

humboldt – Eltern & Kind
216 Seiten, 12,5 x 18,0 cm, Broschur
ISBN 978-3-86910-619-9
€ 9,95

Auch als E-Book erhältlich!

- So lernen Grundschulkinder mit Spaß!
- Von Entspannungspädagogin und Bestseller-Autorin Sabine Seyffert
- Praktische Übungen und Spiele, die sich leicht im Alltag integrieren lassen

Mangelnde Konzentration, Stress und Ängste sind die Auslöser von Lernproblemen in der Grundschule. Eltern spüren das häufig beim Kampf mit den Hausaufgaben: Das Kind macht Flüchtigkeitsfehler, ist müde oder abgelenkt. Sabine Seyffert zeigt, wie Sie Ihrem ABC-Schützen spielerisch Ruheoasen verschaffen. Denn: Entspannte Kinder lernen nicht nur besser, sondern haben auch mehr Spaß!

„Auf 216 Seiten gibt Seyffert sowohl Tipps für einen gelungenen Schulstart von Vorschulkindern, zeigt aber auch umfassend, wie Grundschulkinder ganz nebenbei lernen. Damit Stress und Ängste als die häufigsten Auslöser von Lernproblemen in der Grundschule gar nicht erst auftreten, gibt die Autorin eine Vielzahl von praktischen Tipps für Spiele, Massagen und Ruheübungen. Der Ratgeber, der sehr praktisch orientiert ist, gibt viele nützliche Anregungen für Gedächtnistraining, Bewegungs- und Reaktionsspiele, Atem- und Stilleübungen und das Lernen mit allen Sinnen." *Untertaunus Wochenblatt*

Änderungen vorbehalten.
www.humboldt.de

Martin Kohn

Tatort Schule

Was tun bei Mobbing, Erpressung, Körperverletzung, Beleidigung oder sexuellen Angriffen?

So kann Ihr Kind mit Gefahr und Gewalt in der Schule umgehen

Sonderkapitel zu Mobbing und Gewalt im Internet

humboldt
2012. 184 Seiten, ca. 15 Abbildungen, 14,5 x 21,5 cm, Broschur
ISBN 978-3-86910-622-9
€ 16,95

Auch als E-Book erhältlich!

Schulkinder sind ganz unterschiedlichen Gefahren ausgesetzt: Mobbing, Erpressung, Körperverletzung, sexuelle Angriffe. Zudem werden Internet und Handys immer häufiger missbraucht, um Gewalt und Beleidigungen zu verbreiten. Dieses Buch sensibilisiert Eltern für die potenziellen Probleme ihrer Kinder und hilft dabei, sie rechtzeitig zu erkennen. Mit diesem Wissen können Eltern ihre Kinder optimal auf gefährliche Situationen vorbereiten, damit sie bei Konflikten richtig und sicher reagieren.

„Martin Kohn schreibt anschaulich und fasst Wichtiges immer wieder in farblich unterlegten Kästen zusammen. Natürlich ist nicht die ganze Welt schlecht, dennoch öffnet der Erziehungsexperte Eltern die Augen für die Realität an deutschen Schulen. Mütter und Väter sollten diesen Ratgeber am besten gleich lesen, ehe sie und ihr Kind mit massiven Problemen zu kämpfen haben. Und selbst Lehrer können von diesem Buch profitieren, weil sie leider immer noch so manche Situation unterschätzen."

Schwäbische Zeitung

Doris Heueck-Mauß

So rede ich richtig mit meinem Kind

Wie Worte wirken

Konflikte fair lösen

Stressfreier erziehen

Für Eltern von 3- bis 10-jährigen Kindern

humboldt
160 Seiten, 12,5 x 18,0 cm, Broschur
ISBN 978-3-86910-621-2
€ 12,95

Auch als E-Book erhältlich!

Wenn Kinder sprachlich immer geschickter werden und ihren Willen äußern können, dann sind Konflikte an der Tagesordnung. Verbote, Schimpfen und Ermahnen rufen oft nur den Widerstand des Kindes hervor. Meist enden solche Situationen mit Gebrüll, Tränen und Frust. Doch es geht auch anders! Doris Heueck-Mauß zeigt, wie Eltern mit einer offenen und klaren Kommunikation ihre Ziele bei Kindern erreichen. Aufräumen, Essen, Hausaufgaben, Geschwisterstreit, Schlafen: Die Autorin gibt ganz praktische Tipps für alle typischen Lebenslagen.

Die Autorin
Doris Heueck-Mauß, Mutter zweier Kinder, ist Diplom-Psychologin und Psychotherapeutin. Seit 1982 führt sie eine eigene psychotherapeutische Praxis in München. Sie hält Vorträge im Bereich Erziehung und Entwicklung des Kindes und leitet Supervisionen mit Erzieherteams in sozialen Einrichtungen.

Änderungen vorbehalten.
www.humboldt.de